吉田松陰　留魂録

全訳注　古川　薫

講談社学術文庫

松陰肖像（松浦松洞筆，山口県文書館所蔵）

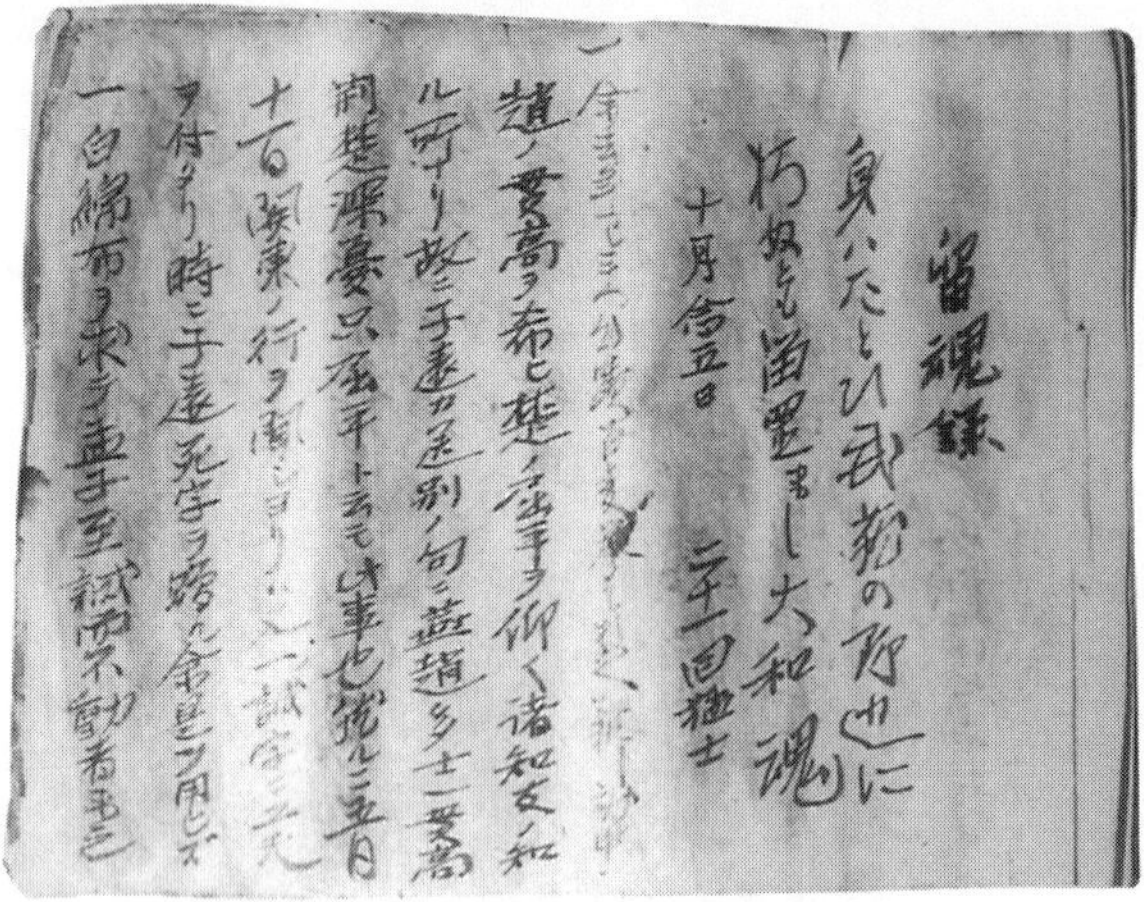

『留魂録』の表紙と原文の冒頭（萩市，松陰神社所蔵）

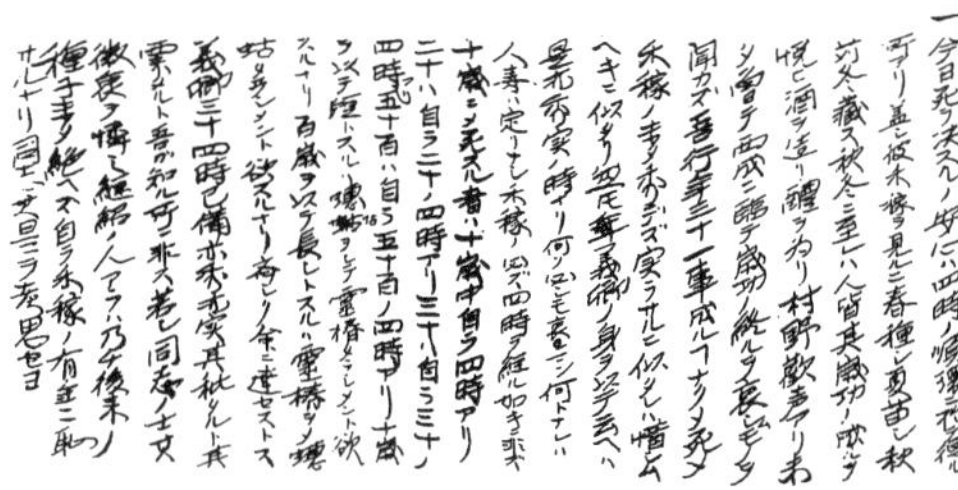

一今日死ヲ決スルノ安心ハ四時ノ順環ニ於テ得ル所アリ蓋シ彼禾稼ヲ見ルニ春種シ夏苗シ秋苅冬蔵ス秋冬ニ至レハ人皆其歳功ノ成ルヲ悦ヒ酒ヲ造リ醴ヲ為リ村野歓声アリ未タ曽テ西成ニ臨テ歳功ノ終ルヲ哀シムヲ聞カス吾行年三十一事成ルコトナクシテ死シテ禾稼ノ未タ秀テス実ラサルニ似タルハ惜シムヘキニ似タリ然トモ義卿ノ身ヲ以テ云ヘハ是亦秀実ノ時ナリ何ソ必シモ哀マン何トナレハ人寿ハ定リナシ禾稼ノ必ス四時ヲ経ル如キニ非ス十歳ニシテ死スル者ハ十歳中自ラ四時アリ二十ハ自ラ二十ノ四時アリ三十ハ自ラ三十ノ四時アリ五十百ハ自ラ五十百ノ四時アリ十歳ヲ以テ短トスルハ蟪蛄ヲシテ霊椿タラシメント欲スルナリ百歳ヲ以テ長シトスルハ霊椿ヲシテ蟪蛄タラシメント欲スルナリ斉シク命ニ達セストス義卿三十四時已備亦秀亦実其秕タルト其粟タルト吾カ知ル所ニ非ス若シ同志ノ士其微衷ヲ憐ミ継紹ノ人アラハ乃チ後来ノ種子未タ絶ヘス自ラ禾稼ノ有年ニ恥サルナリ同志其是ヲ考思セヨ

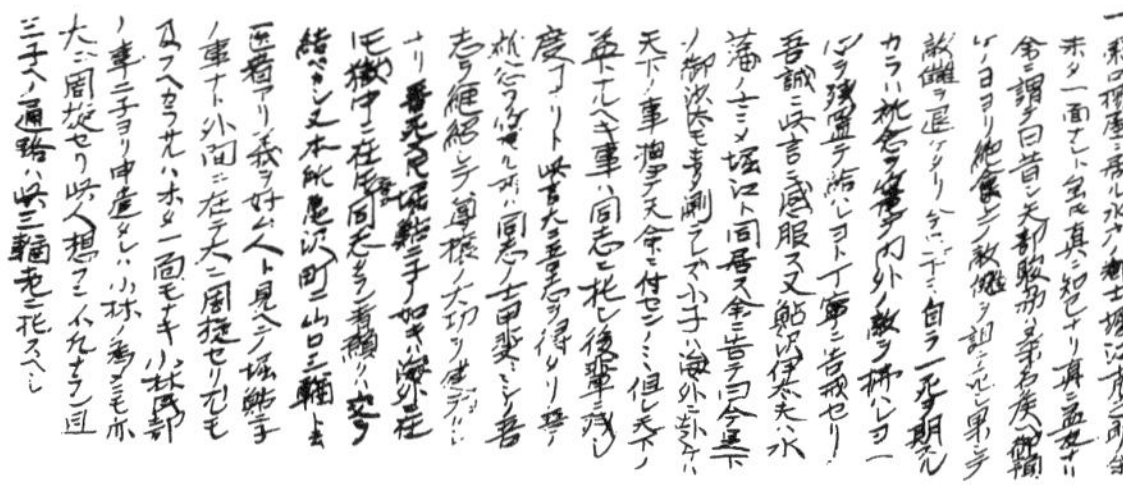

一東口揚屋ニ居ル水戸ノ郷士堀江克之助余未タ一面ナシト雖真ニ知己ナリ真ニ益友ナリ余ニ謂テ曰昔シ矢部駿州ハ桑名侯ヘ御預ケノ日ヨリ絶食シテ敵讐ヲ詛テ死シ果シテ敵讐ヲ退ケタリ今足下モ自ラ一死ヲ期スルカラハ祈念ヲ籠テ内外ノ敵ヲ払ハレヨ一心ヲ残シ置テ給ハレヨト丁寧ニ告戒セリ吾誠ニ此言ニ感服ス又鮎沢伊太夫ハ水藩ノ士ニシテ堀江ト同居ス余ニ告テ曰今足下ノ御沙汰モ未タ測ラレス小子ハ海外ニ赴ケハ天下ノ事総テ天命ニ付センノミ但シ天下ノ益トナルヘキ事ハ同志ニ托シ後輩ニ残シ度コトナリト此言大ニ吾志ヲ得タリ吾ノ祈念ヲ籠ル所ハ同志ノ士甲斐々々シク吾志ヲ継紹シテ尊攘ノ大功ヲ建テヨカシナリ吾死スルトモ堀鮎二子ノ如キハ海外ニ在リトモ獄中ニ在リトモ吾カ同志タラン者願クハ交ヲ結ヘカシ又本所亀沢町ニ山口三輶ト云医者アリ義ヲ好ム人ト見ヘテ堀鮎二子ノ事ナト外間ニ在テ大ニ周旋セリ尤モ及フヘカラサルハ未タ一面モナキ小林民部ノ事ニ子ヨリ申遣シタレハ小林ノ為メニモ亦大ニ周旋セリ此人想フニ不凡ナラン且ツ三子ヘノ通路ハ此三輶老ニ托スヘシ

『留魂録』の原文第八章と第九章

史蹟　松下村塾（萩市，写真提供：松陰神社）

学術文庫版のためのまえがき

吉田松陰《よしだしょういん》の遺書とされる『留魂録《りゅうこんろく》』は、普通にいう遺書とすこし趣きが違う。まず冒頭に『留魂録』と標題をかかげ、和歌一首、日付に「二十一回猛士」と署名し、宛名はない。薄葉半紙を四つ折りにし、十九面に細書きしてコヨリで綴じた冊子に作ってある。

松陰の遺文の中には、一編の著書というにふさわしい冊子がかなりふくまれているので、『留魂録』もその一環をなすといってよいが、あくまでも純然たる遺書としての存在を否定するものではない。

そもそも人間が死に臨んで書きしるした遺書には、当然のことながら多分に私的な、そして悲壮な感懐を表白する文言《もんごん》がならぶ。松陰の『留魂録』と題したこの遺書は特定の集団にあてたもので、距離をおいた相手にむかうやや硬質な語調が感じられる。その集団とは、むろん松下村塾に学んだ松陰の門下である。両親をはじめ身内への個人的な「永訣書」を書き終えたのち、最後に門下生全員にあてた訣別の言葉を書き上げたのは、処刑前日の黄昏《たそがれ》どきであった。

日ごろ松陰は塾生たちを「諸友」と呼んだ。師弟の枠をはずし、あえて友人としての目線で彼らに対したのである。『留魂録』は門下に授けた最終講義ともいうべき訓戒だが、高みから教えるのではない。友情をもって諄々《じゅんじゅん》と訴える「炎の教師」松陰の体温が、独特の格調をもって隅々に行きとどいている。

中で最も印象的なのは、穀物の収穫にたとえた死生観を語る第八章だ。処刑の日をむかえるにあたり「今日死を決するの安心は四時《しじ》（四季）の順環（循環）に於て得る所あり」で始まるこの章は、人間にも春夏秋冬があり、十歳にして死ぬ者には、十歳の中におのずから四季がある。二十歳には二十歳の四季、三十歳には三十歳の、五十、百歳にもおのずからの四季が備わり、ふさわしい実を結ぶのだと説く。松陰の筆が冴えわたる『留魂録』の白眉をなす部分である。この死生観は、現代の私たちの胸にも響いてくるダイイング・メッセージといってよいだろう。

『留魂録』は、ひそかに門下生のあいだで回覧され、師の遺志を継ごうとする彼らのバイブルともなった。松陰の述作や諸記録によくあらわれてくる人物はおよそ三十人で、これが主要な松陰門下とみられる。彼らの身分別構成は士分と下積みの階層に属していた人たちが半々に分けあっており、年齢別には十代が三分の二を占めている。

この人々のうち約半数が明治まで生き残って余生をまっとうしたが、あとの者は松下村塾の四天王といわれた久坂玄瑞《くさかげんずい》・高杉晋作《たかすぎしんさく》・吉田稔麿《よしだとしまろ》・入江九一《いりえくいち》（杉蔵《すぎぞう》）をはじめ俊足の多くが行動なかばに斃《たお》れた。それも割腹自殺八、陣没三、討死二、斬《ざん》首《しゅ》一というのは衝撃的な事実である。指導者の強烈かつ優れた感化力が、どのようなものかを立証する恐るべき成果といえる。

『留魂録』は、五千字にすぎない。全訳し松陰小伝をつけて文庫に収録するには恰《かっ》好《こう》の分量だが、「二十一回猛士」が維新史に刻んだ畢生《ひっせい》の遺書として不朽の光を放っている。吉田松陰の春夏秋冬は三十歳で結実した。『留魂録』は、激動する二十一世紀の春夏秋冬を生きつつある若い世代に、今こそ味わってもらいたい大文章である。

二〇〇二年晩夏

古川　薫

はじめに

安政《あんせい》五年（一八五八）十一月、吉田松陰は京都の粛清に向かう老中間部詮勝《まなべあきかつ》を暗殺したいので武器を供与してもらいたいと藩政府に願い出た。おどろいた藩は松陰の身柄を拘束し野山獄《のやまごく》に入れた。ペリーの軍艦で海外密航をくわだて、国事犯となっていらい二度目の投獄である。

翌年五月、幕府から評定所への召喚命令を受けて「東送」となり、七月に最初の取り調べがあった。安政の大獄に連座した梅田雲浜《うめだうんぴん》との謀議、京都御所内へ落文《おとしぶみ》をしたのではないかという嫌疑だった。

松陰の申しひらきは簡単に認められ、そのまま藩邸に送り返されそうになった。評定所には藩邸から出頭することになっていたので、この時点では大獄に連座したといえるほどの立場ではなかったのである。

召喚命令を受けたとき、松陰は死を覚悟し、法廷で幕政批判を展開しようと意気込んでいたので、いわば肩すかしをくった感じもあったのだろう。急に「私は死罪に匹敵することを二つ犯した」とみずから自白した。

「申してみよ」と奉行からうながされ、松陰は大原重徳三位《おおはらしげとみさんみ》を長州に迎えて反幕の旗挙げをたくらんだ件、間部詮勝の「要撃」をはかった件などについて述べた。それは一時休廷して三奉行らが協議するほどの衝撃を与えたのである。間部暗殺未遂については、とくに彼らを震撼《しんかん》させ、ただちに小伝馬上町《こでんまかみちょう》の牢（揚屋《あがりや》）に投じられることになった。両事件ともすでに幕府は探知していると松陰は思っていたのだが、そうではなかったのだ。

松陰としては、前に密航未遂のとき、自分が述べる時局論に奉行たちが耳をかたむけてくれたことを覚えていたので、中央の法廷で幕政の誤りをきびしく衝く好機でもあると考えたのだが、まったくあてがはずれてしまった。その自供によって、松陰の大罪は確定したようなもので、たいした取り調べもなく意見陳述の時間も与えられなかった。

取り調べの焦点は、間部を殺そうとしたのか、ただ駕籠《かご》をとめて諫めようとしたのかにしぼられた。あるいは自白の冒頭に「撃殺」をにおわせる発言があったのかもしれない。松陰は役人が作成した供述書の読み聞かせのとき、殺意のなかったことを主張した。「刺し違い」「切り払い」などの文字を消すように強く要求し激論の末、「その節は一死殉国の心得を以て必死の覚悟をきめ、御同人の御駕籠に近寄り」とさせた。しかし、それにつづく供述書の文言は、依然として「公儀を憚らざる不敬の至り」となっている。ここでようやく死を覚悟したことが、十月十七日付で門下生の尾寺新之丞《おでらしんのじよう》にあてた手紙に「末文の改まらざるをみれば矢張り首を取るに相違なし」と書いていることで推察できる。

父親をはじめ親族あてに訣別の手紙を書いたのは二十日だった。自分の死後、門下生のことを依頼する小林民部《こばやしみんぶ》への手紙を書いたのが二十三日で、これをもって松陰の全生涯六百二十七通（うち江戸獄中からは四十一通）にのぼる書簡の書きおさめとなった。

二十五日から『留魂録《りゆうこんろく》』の執筆にとりかかり、翌二十六日の夕刻に書き終わった。処刑前日である。個人あての遺書とは別に、これは明らかに門下生にあてた遺書であり、江戸在勤中の門下・飯田正伯《いいだしょうはく》に届けるように頼んでいる。その前に『諸友に語《つ》ぐる書』の題で書きかけた日付不明の未完の遺書があるが、七百字ばかり書き「但し……」と書きかけてやめている。その終わりのあたり「子遠《しえん》吾れに贈るに死の字を以てす」とあるところが『留魂録』と重複しているので、途中から稿をあらためたことがわかる。

薄葉半紙を四つ折りにしたもので、縦十二センチ、横十七センチ、十九面に細書きした約五千字にのぼる『留魂録』は、いかにも不自由な獄中で書かれたものだとの感がある。しかし、その内容は死を目前にした人とも思えない冷静な筆で整然と述べられた訣別の言葉であり、門下への激励をこめた細心の配慮まで示されている。そのことがかえって読む者の悲壮感をそそるのである。

松陰は六歳のとき兵学師範の家職を継ぎ、宿命的に「教師」として生きた人物だった。死の間際まで教師であろうとする松陰が、門下生に書き遺した文章は、やはり教える口調であるとともに切々と訴える感じがにじみ出ている。これを受け取った飯田正伯が萩《はぎ》にいる高杉晋作《たかすぎしんさく》にあてた手紙の中に、次のようなことを書いている。

「別紙留魂録を元書のまま差し送り候間御一覧成さるべく候。一言一句涙の種に相成り申し候。この書は極々《ごくごく》に同志の人々でなければ決して他見は無用なり」

『留魂録』を読んで痛憤する彼らの姿がうかがわれる。「他見無用」とされたこれは門下生たちのあいだでまわし読みされ、写本も遺っている。維新を先駆したいわゆる松下村塾グループの果敢な行動力の源泉となったのは、疑いもなくこの松陰の遺書である。

『留魂録』の中でもひとしお感動的なのは、死に直面した人間が悟り得た死生観を語るくだりである。死とどう対決するかは人類永遠の課題だが、このことを諄々《じゅんじゅん》と教え諭す出色の遺書となったのは、これが愛弟子たちに対する最後の訓戒としての性格を帯びたためでもあろうか。

実は私の友人で癌の末期症状と闘っている人がいるので、それを慰め励ます言葉の代わりに、自分が座右において折りにふれては読んでいる松陰のこの『留魂録』

を贈ったら、非常に勇気づけられたと感謝された。現代人にも強い共感を呼ぶ松陰の遺書であることをあらためて確認したのだった。古来、おびただしい人々が遺書を書いてきた。史上にあらわれる人物のいくつかの遺書にわれわれは接しているのだが、『留魂録』はおそらく日本人が書いた遺書として最高のものではないかと私は思っている。それは明治維新で流された血の中から生まれた貴重な遺産のひとつであり、人間の生と死について教える香り高いダイイング・メッセージということができる。

一九九〇年初秋

古川　薫

例　言

一、本書はⅠ『留魂録』の成立事情を中心とした解題、Ⅱ『留魂録』全文とその訳文、および訳者が『歴史と人物』(中央公論社)一九八一年四月号に書いた『史伝・吉田松陰』を付録とする三部から成っている。本文と付録の叙述でわずかに重複した個所があるが、文脈の関係上削除を避けた。『留魂録』の訳文については次の諸点を基準とした。

一、底本には岩波書店刊『吉田松陰全集』第七巻所収の『留魂録』(玖村敏雄・西川平吉校訂)を使用した。現在、松陰神社に所蔵されている原本は片仮名まじりの和漢混淆文であり、句読点は付されていない。これを読みやすくするため底本では片仮名表記を平仮名にあらため濁点をつけ、句読点をほどこし、漢字には適宜ルビをふっている。また送り仮名をふやし、漢文・漢詩は原文に返り点などをつける場合と、和文に読み下したものの二通りがある。

一、底本で明らかに誤りと思われる字は訳者の責任で訂正し、また新字体のある漢字は新字体に統一した。

一、原本での章立てはないが、文意を損なわない限りで便宜的に十六章の構成とし、原本に従って、注は一章ごとにその末尾にまとめた。底本の頭注を参考とし、別に訳者において注を大幅に追加した。

一、訳文は逐語訳につとめたが、原典の趣旨を大きくそこなわないかぎりで意訳したところもある。

目次

II

吉田松陰　留魂録

I 解題

世に出るまで

『留魂録《りゅうこんろく》』は、安政《あんせい》六年（一八五九）十月二十六日、吉田松陰《よしだしょういん》が江戸小伝馬上町《こでんまかみ》（現東京都中央区十思公園の位置にあたる）の牢内で書き上げた遺書である。

その翌日、評定所で死刑の判決を受け、即日処刑された。死を予感した松陰が、大急ぎで書きとめたものだが、文脈の乱れはまったくなく冷静に、整然と門下生に与える最後の言葉が述べられている。

萩《はぎ》の松下村塾《しょうかそんじゅく》で教えていたころ、松陰は塾生たちに呼びかける文章に、かならず「諸友に語《つ》ぐ」といった標題を掲げたものだった。松陰にとって、門下生は「弟子」であるよりも「友人」であり、師弟愛というより友情の連帯のなかで、一人ひとりに親しく接しようとした。

そうした松陰の意識は『留魂録』にもよくあらわれている。教えるのではなく、訴える調子で、しかもやはり諄々《じゅんじゅん》と説き、諭《さと》すのである。松陰の強烈な感化力の秘密は、そういうところにあったのかもしれない。

『留魂録』のほかに、松陰は肉親にあてた遺書を書いている。この「永訣書」には、父杉百合之助《すぎゆりのすけ》(1)・兄杉梅太郎《うめたろう》(2)・叔父玉木文之進《たまきぶんのしん》(3)の宛名を連記し、これは十月二十日に書いた。

「親思ふこころにまさる親ごころけふの音づれ何ときくらん」

という辞世を冒頭に示して、親族の男たちに語りかけ、別に「両北堂様」として、実母と養母（松陰が養子として入った吉田家の）に追書し、次のように依頼している。

自分の首は江戸に葬り、萩には平生使っていた硯《すずり》と書とを祭ってもらいたい、墓には「松陰二十一回猛士とのみ御記し頼み奉り候」とある。遺言どおり、松陰の墓標にはそのように刻まれている。

これらは、いわば私的な書き置きであり、門下生にあてて後事を託す『留魂録』こそが、畢生《ひっせい》の筆をふるった遺書だったであろう。

『留魂録』の執筆にかかったのは、十月二十五日で、翌日の夕方に書き終わった。

松陰は、これを書くにあたって、まったく同文のものを二通つくった。その一通は刑死後間もなく、江戸にいた門下生の飯田《いいだ》正伯《しょうはく》(4)らの手にわたり、萩の高杉晋作《たかすぎしんさく》(5)・久《く》保《ぼ》清太郎《せいたろう》(6)・久坂玄瑞《くさかげんずい》(7)連名の宛名で送り届けられた。三人にあてた飯田正伯の手紙を見ると、処刑直後、松陰の遺体を引き取るときの様子もくわしく報告されている。

遺体を引き取りに出むいたのは、桂小五郎《かつらこごろう》(8)・手附利介《てつけりすけ》(9)・尾寺新之丞《おでらしんのじょう》(10)・飯田正伯の四人だった。遺品も下げ渡されたが、これは松陰と同じ牢にいた囚人沼崎吉五郎《ぬまざききちごろう》(11)の好意によるところが大きかった。飯田らは松陰の遺言に従って、沼崎に謝礼として金三両を贈っている。遺品の中に、『留魂録』もふくまれていたのである。

「四人の憤恨遺憾、御推察下さるべく候」と飯田はその手紙に書き、さらに「別紙留魂録を元書のまま差し送り候間御一覧成さるべく候。一言一句涙の種に相成り申し候。この書は極々《ごくごく》に同志の人々でなければ決して他見は無用なり」と取り扱いを注意することも忘れなかった。

門下生たちは『留魂録』をひそかに回覧し、それを書き写した。四種類の写本が確かめられている。

高杉晋作らにあてた飯田正伯の手紙に添えて、尾寺新之丞の筆になる「松陰二十一回猛士一件に付き諸雑費入用録」があり、松陰の遺体引き取り、埋葬などに使った金銭の明細が報告されている。

遺体下げ渡しについては、獄役人とのあいだでかなりゴタゴタがあったらしく、結局は賄賂《わいろ》で片付けたことが、飯田の手紙にも見える。獄役人四人に一両一歩ずつを贈り、その他関係者への謝礼、穴掘りへの酒手、石塔代金など合わせて十九両三分二朱を必要とした。

その中でも沼崎吉五郎に謝礼三両というのは、とび抜けた額である。沼崎は松陰がいた牢の牢名主で、それまでも相当に金をやったせいもあるが、ひとつにはこの男が松陰を尊敬して、親身に世話をしたらしい。この牢名主の協力なしには、松陰が二日がかりで『留魂録』の執筆に没頭することもできなかったと思われる。

「先生同室中の頭に沼崎吉五郎と云ふ人、至つて篤志の人物にて之れあり候」

と飯田は書いている。沼崎とはどのような男だったのだろうか。彼は福島藩士能《の》勢久米次郎《せくめじろう》の家臣だが、殺人容疑で小伝馬上町の牢につながれていたのである。牢名主になるくらいだから、それだけの貫禄は身につけていたのであろう。

入牢してきた松陰のことがわかるにつれ、沼崎は進んで希望し、『孫子《そんし》』・『孟子《もうし》』などの講義を受けるようになった。

松陰から『留魂録』を預かった沼崎は、役人の目をどうごまかしたのか、あるいは賄賂で手なずけていたものか、自分の手紙を添えて、松陰の遺品とともにそれを飯田らに無事渡すことに成功した。門下生たちにとっては、松陰の遺言を入手したことが何よりもうれしかったに違いない。

松陰の弟子としてきっとこの仇《かたき》を討たずにはおかないと、当時高杉晋作は周布政《すふまさ》之助《のすけ》(12)にあてた手紙に書いている。それは高杉だけではない。すべての門下生が、幕府に対する敵意を燃え立たせたのである。

松陰の事跡をあらためていると、よい意味のアジテーターらしい資質が認められる。松陰は最後に、おのれの死と『留魂録』をもって変革を激励したのである。

さて高杉らの手に渡った『留魂録』は、残念なことにいつの間にか所在不明となってしまった。一応の使命を果たしたからいいようなものの、やはり惜しまれてならない。

　こんにち『留魂録』の内容が、そっくり伝えられたのは、松陰がもう一通同文のものを作成していたからである。軍学者でもある松陰の周到な配慮であり、作戦であった。

　松陰から指示されて、そのもう一通の『留魂録』を隠し持っていたのが、牢名主沼崎吉五郎なのである。彼は、塾生にあてた同文の遺言『留魂録』を託されていた。このことは明治になるまでわからなかったが、それについてはいずれあとで述べようと思う。


　遺書が門下生の手に渡る前に、司獄官の手で没収されるのではないかと松陰は思ったのである。だから、控えの一通は、沼崎が持っておくようにと指示したのだ。そこまで考えたところに、この『留魂録』に対する松陰の執念がうかがえる。

　沼崎はいわれたとおり、大切に肌身はなさず、獄中にいるあいだ、これを守り抜いた。こんにち『留魂録』の正確な全文が読めるのは、牢名主沼崎吉五郎のおかげである。

彼はその後、小伝馬上町の牢から三宅島に流された。おそらくは無実の罪で囚人となった沼崎が、孤島の流人として世をはかなんでいるうちに、幕府は倒れた。先駆者として散った松陰を慕う門下生たちを中核とする討幕勢力が、やがて野火のように拡がって維新革命を達成させた事情を沼崎は知るよしもなかっただろう。

突然許されて、彼が本土に帰った明治七年（一八七四）、江戸は東京となり、世情は一変していた。郷里へ帰るあてもなく、そのまま東京に腰を落ちつけたのか、そのあたりはよくわからない。またどのようにして彼が生活していたかも不明である。

明治九年になって、当時、神奈川県権令《ごんれい》だった野村靖《のむらやすし》（旧名和作《わさく》、松陰門下、禁門の変で討死した入江《いりえ》九一《くいち》の実弟）の前に、ひょっこり一人の老人があらわれた。

野村が書いた『先師松陰先生手蹟留魂録の後に書す』の表現によれば「老鄙夫《ひふ》」とあるから、そのときの沼崎吉五郎のおよその年齢、風采などが想像できる。島帰りの落ちぶれた姿で、彼は東京を離れ神奈川県下に流れてきていたのかもしれない。

「私は長藩の烈士吉田先生の同獄囚沼崎吉五郎という者です」

といっていきなり『留魂録』を差し出したのである。野村はおどろいてそれを手に取って見た。まさしく松陰の筆跡である。小さく折りたたんだ跡も痛々しく、垢じみて変色しているのは、流刑地の生活もふくめた十数年、囚人として隠し歩いた苦心を物語るものだ。

「先生殉難前の一日、この書をつくられ、私に告げていわく。――自分は別に一本《いっぽん》を郷里に送るが、無事に着くかどうか危ぶまれる。そこでこれを汝に託す。汝、出獄の日、この遺書を長州人に渡してもらいたい。長州の人は私をよく知っているはずだ。よって長州人ならだれでもよい――とのことでありました。貴殿が長州出身であると聞いたので、今これを進呈します」

出獄後、長州人に渡せという松陰の依頼を実行した沼崎吉五郎は、長年ひきずってきた重責を果たし、ほっとした表情だった。

現在、萩市の松陰神社に所蔵され境内の資料館に展示してあるのが、沼崎の手で守られた松陰自筆の『留魂録』である。

松陰神社には、門下生が写して回覧した『留魂録』もあり、原本と照合すると、写本の過程で文章の一部が脱落している。沼崎の努力で貴重な自筆の遺書が、伝えられることになった。しかも沼崎は、『留魂録』とは別にもう一通の遺書を預かっており、同時に野村靖に手渡している。

『諸友に語《つ》ぐる書』で、これも門下生にあてたものだが、そのような遺書があることは、それまでまったく知られていなかった。

『諸友に語ぐる書』は、獄中でいつ書かれたものか、正確な日付がわからない。というのは、途中で筆をとめた未完成の遺書だからである。しかし、その内容を見ると、すでに死を覚悟した言葉が並んでいるので、『留魂録』を執筆する直前に書きかけたらしいことはわかる。

もともと松陰の罪は、老中間部《まなべ》詮勝《あきかつ》(13)要撃計画を主としており、これは暗殺未遂といっても、実際行為のほとんどみとめられない事件である。せいぜい遠島くらいだろうと思われ、松陰も楽観していた。

十月八日、獄中から高杉晋作にあてた手紙には「遠島に決まり候はば、来三月末まで一友江戸へ来り、諸事周旋仕呉れ候様……」と書いている。

それで高杉は安心して長州に帰国するのだが、彼が江戸を発った十月十七日に、松陰は尾寺新之丞にあてて「矢張り首を取るに相違なし」という手紙を出している。どうやら死はのがれられそうにない気配を感じたのだろう。だからこの『諸友に語ぐる書』は、十月十七日から二十四日までのあいだに書かれたものとみるべきだろう。

「水戸の鵜飼幸吉《うがいこうきち》(14)・越前の橋本左内《はしもとさない》(15)・京師の頼三樹三郎《らいみきさぶろう》(16)の諸人、皆当世の名士にして、年歯皆壮、吾れと伯仲す。今、皆死して不朽の人となる。吾れあにひとり諸人に後《おく》るべけんや」

「漢の朱雲《しゅうん》(17)、宋の施全《せぜん》(18)、明の楊継盛《ようけいせい》(19)、吾れかつて仰いで之れを慕ふ。今吾れ幸に一死を得ば、また以て三賢の亜《つぎ》たるべし」

これらは死を覚悟する自分を励ましている言葉に感じられる。そして門弟たちには、処刑の報に接しても、悲しまないようにと呼びかけるのである。

「平生の心事つぶさに諸友に語り、また遺欠なし。諸友けだし吾が志を知らん。ために我れを哀しむなかれ。我れを哀しむは、我れを知るにしかず。我れを知るは、吾が志を張りてこれを大にするにしかざるなり」

このあと百字ばかり書き進めたころ、いよいよ処刑の日が近いことを、かなり具体的に知ったのかもしれない。十月二十五日、想をあらためて『留魂録』の執筆にとりかかったものとみたい。

『諸友に語ぐる書』は、それなりに遺書として心を打つが、当然ながら個人的心情にかたよった文言が多い。これにくらべれば、『留魂録』はきわめて格調の高い遺書に仕上がっている。やはり松陰が、最後の心気を発して『留魂録』を書いたこと、それが門下生の手に渡ったことによって、死後の力を発揮できたとしなければならない。

それにしても、この『留魂録』の成立を側面から助け、飯田正伯らの手に届くように骨折り、さらに預けられた一通を守り通して原本を伝えた沼崎吉五郎の存在を忘れてはなるまい。

野村に『留魂録』を渡したあと、彼は飄然《ひょうぜん》と姿を消すのである。野村が吉五郎を引き止めて、何らかの職を与えるくらいはわけもないことだったろう。「沼崎吉五郎と云ふ人、至つて篤志の人物にて之れあり」といった飯田正伯は、すでにこの世の人ではなかった。生き残り政府の高官にのしあがっていく長州人の、弱者に対する惻隠《そくいん》の情の薄さを嘆くばかりである。

地下の松陰とすれば、明治九年のこのとき、『留魂録』を萩に送るより、沼崎吉五郎の労をねぎらうことのほうを喜んだのではあるまいか。

注

（1）杉百合之助　萩藩士。松陰の実父。資性篤志といわれた人物。盗賊改方などをつとめた。慶応元年没。六十二歳。

（2）杉梅太郎　萩藩士。民治と改名。松陰の実兄。代官をつとめた。維新後は山口県権典事など歴任。明治四十三年没。八十三歳。

（3）玉木文之進　萩藩士。松陰の叔父。松下村塾の創始者。幼少の松陰をきびしく教育した。代官など歴任。明治二年、松下村塾を再開した。明治九年の萩の乱に門下多数が参加した責任をとって自刃。六十七歳。

(4) 飯田正伯　萩藩医。安政五年、松下村塾に入り、松陰の兵学門下としてもっぱら兵学を修めた。万延元年七月、浦賀の富豪を襲って軍用金を調達しようとして捕えられ、文久二年、獄中で死んだ。三十八歳。

(5) 高杉晋作　萩藩士高杉小忠太の長男。文久三年六月、わが国における近代的軍事組織の祖型とされる奇兵隊を結成。小倉戦争（第二次長州征伐）を勝利に導いて慶応三年、病死。二十九歳。

(6) 久保清太郎　松陰の外叔久保五郎左衛門の子。松下村塾の発展に尽力。のち断三と改名。明治十一年没。四十七歳。

(7) 久坂玄瑞　萩藩医。のち大組士。義助と改名。松陰の妹、文と結婚。松下村塾四天王の一人。元治元年七月、禁門の変で討死。二十五歳。

(8) 桂小五郎　萩藩士。明倫館教授時代の松陰の兵学門下。剣を斎藤弥九郎に学ぶ。木戸孝允と改名。明治政府の官僚として手腕を発揮。明治十年没。四十五歳。

(9) 手附利介　萩藩中間の子。伊藤利助、春輔、俊輔を名乗り、のち伊藤博文と改名。安政四年、松下村塾に入る。英国留学。高杉晋作の功山寺挙兵に参加。初代内閣総理大臣。山県有朋とともに松下村塾出身者のうち最高の立身を得た。明治四十二年十月、ハルビンで暗殺された。六十九歳。

(10) 尾寺新之丞　萩藩士。松陰の兵学門下、また明倫館から松下村塾に学ぶ。奇兵隊で活躍。維新後は内務省につとめ、のち伊勢神宮神官。明治三十四年没。七十五歳。

(11) 沼崎吉五郎　福島藩士。殺人の嫌疑を受けて投獄され、松陰が安政六年七月、二回目の下獄のとき牢名主だった。沼崎は松陰を尊敬し、牢内で『孫子』・『孟子』などの講義を受けた。飯田正伯・尾寺新之丞ら門人が松陰の遺骸を引き取ることについても獄中から協力した。三宅島に流され、明治七年、東京に帰ったが、不遇な生活をつづけ、終末ははっきりしない。獄中、松陰がもっとも感謝していた人物。

(12) 周布政之助　萩藩士。天保改革の功臣村田清風直系の実力派家臣。松陰、高杉晋作らと親交があった。元治元年九月、自刃。四十二歳。

(13) 間部詮勝　越前鯖江藩主。天保十一年、老中となるが、水野忠邦と合わず引退。安政五年、大老井伊直弼によりふたたび老中に起用される。井伊の命を受けて京都へ上り尊攘派を弾圧。事前にそれを知った松陰が彼の暗殺を叫んだ。松陰が「鯖江侯」というのはこの人物のこと。明治十七年没。八十一歳。

(14) 鵜飼幸吉　水戸藩士。攘夷派の志士。安政五年の密勅事件に活躍して捕えられ、安政六年八月二十七日、刑死。首は獄門にかけられた。三十二歳。

(15) 橋本左内　越前福井藩医。洋学にも通じた。当時列藩を代表する志士中の異彩とされた。将軍継嗣問題で一橋派に属し、安政五年、捕えられて親戚預け、翌六年十月下獄、同七日刑死。二十六歳。

(16) 頼三樹三郎　尊攘派志士。儒者。頼山陽の子。将軍継嗣問題で一橋派に属し、捕えられ橋本左内らとともに刑死。三十五歳。

(17) 朱雲　漢の成帝の忠臣。

(18) 施全　宋の銭塘の人。悪臣を斬ろうとして失敗し、殺された。
(19) 楊継盛　明の世祖の忠臣。悪臣を弾劾して殺された。九五ページ注（1）参照。

二十一回の猛

『留魂録』の冒頭には、その標題と和歌一首が、やや大きめの字で書きとめられている。

身はたとひ武蔵の野辺に朽《くち》ぬとも留置《とどめおか》まし大和魂

十月念五日(1)　　二十一回猛士

肉親にあてた「親思ふ……」と並ぶ有名な辞世の歌である。「二十一回猛士」とは、杉と吉田という漢字を分解して「二十一回」と読み、死ぬまでには全力をあげて二十一回の行動を起こすと誓い、この号を好んで使った。

安政元年（一八五四）十一月、萩の野山獄《のやまごく》中で、松陰はそのことにふれ、「猛を為すことおよそ三たびなり」とし、あと十八回残っていると述懐した。それまでの三度の猛とは、脱藩の罪で士籍を削られることになった東北旅行、浪人の身で藩主に『将及私言《しょうきゅうしげん》』(2)を上書してとがめられたこと、ペリーの軍艦による密航計画などをさしている。

松陰はその後、間部詮勝暗殺計画をはじめ何度の猛を起こしただろうか。十八回にいたらない前に処刑されたともいえるし、考え方によっては、残された以上の猛を発する激しい生きざまを見せたともいえるだろう。

『留魂録』本文に入ろう。全文は十六章に分けられている。

「一、余去年已来心蹟百変、挙げて数へ難し」というのが第一章の書き出しである。猛を発して、さまざまに試行錯誤した自分をふりかえっている。

「至誠にして動かざる者は未だ之れ有らざるなり」という孟子の言葉を信念として動いたが「終に事をなすこと能はず、今日に至る」。これは自分の徳が薄かったためで、だれを怨《うら》むこともないと、処刑に臨む安心の境地を述べている。

第二章は、江戸送りとなり評定所で取り調べを受けた経過を簡単に説明した部分である。

松陰を呼び出した幕府の目的は、梅田雲浜《うめだうんぴん》(3)との関わりを訊ねることだった。それと京都御所内で発見された反幕的な言辞をつらねた落文《おとしぶみ》が松陰の作ではないかという容疑。

訊問に対し松陰は明快に釈明した。評定所の役人も納得して、それで終わったのである。

(何だ、そんなことか)と松陰は思った。

「余、是《ここ》に於て六年間幽囚中の苦心する所を陳じ、終に大原公の西下を請ひ、鯖江《さばえ》侯を要する等の事を自首す」

みずから進んで勤王派の公卿大原重徳《おおはらしげとみ》(4)を長州に招いて反幕の旗挙げをさせようと策したこと、鯖江侯(老中間部詮勝)の暗殺をくわだてたことを役人に告げる有名な場面である。

松陰自身は書いていないが、喋っているうちに、思わず口をすべらせたということだったかもしれない。また考えられるのは、以前下田密航事件(5)のとき幕府の役人は、親切な態度で松陰が長々と述べる意見を聴いてくれた。松陰は法廷を通じて幕府に諫言《かんげん》できると思ったらしい。

だがこのときの役人は、重大な自白を聴いてあおざめるほどにおどろき、もはや松陰の陳述には耳もかさなかった。どう処理すべきか。その問題だけが残ったのである。「誠を尽せば」という松陰の信念がここにもあらわれているが、やはり失策というほかはないだろう。

注

(1) 念五日　二十五日のこと。

(2) 『将及私言』　嘉永六年六月、ペリー来航のとき、松陰がその対策を上書したもの。

(3) 梅田雲浜　若狭藩士。儒者。尊攘派志士。将軍継嗣問題に動き、捕えられ取り調べ中、安政六年九月十四日病没。四十五歳。

(4) 大原重徳　勤王派公卿。松陰は彼を長州に迎えて事を挙げようとし、いわゆる大原三位西下策を進めようとしたが成功しなかった。維新後、刑法官知事などをつとめた。明治十二年没。七十八歳。

(5) 下田密航事件　下田踏海ともいう。安政元年三月二十七日夜、松陰は金子重之助とともにペリーの軍艦で海外密航をくわだてたが失敗した。

法廷での激論

第三章は、評定所における役人とのやりとりで感じたことが書いてある。

このときの評定所の役人は、寺社奉行松平伯耆守《まつだいらほうきのかみ》、町奉行石谷因幡守《いしがやいなばのかみ》、勘定奉行池田《いけだ》播磨守《はりまのかみ》、大目付久貝因幡守《ひさがいいなばのかみ》らである。大身のこの幕吏たちは、松陰にとってみれば憎むべき敵であったろう。尊大な態度をとる彼らに、松陰は怒りや不快感を覚えながらも、つとめて温和な口調を心がけた。自分の意見を伝えたいためである。

だから役人たちは、怒声をもってそれに応えることはしなかったが、やはり松陰を失望させた。

「汝の陳述するところは、ことごとくが的《まと》を射ているとは思えない。また卑賤の身で国家の大事を議するとは不届であろう」

国を憂うる気持に身分の上下など関係ないではないかと松陰は思ったが、深く抗弁せず一言次のようにいって、口をつぐんだ。

「私がここで意見を述べたことが罪になるのなら、それをのがれようとは思いません」

松陰はそうしたおだやかな姿勢で、役人に対した自分は間違っているのだろうかと、ふと考えてみるのである。

そのころ同じように獄にいた薩摩の日下部《くさかべ》伊三次《いそうじ》(1)のことを松陰は思い出す。この人は井伊大老の排斥、幕閣改造を指示した水戸藩への密勅降下(2)に動いたことが知れ、大獄の網にかかった。この年十二月に獄死している。

伊三次は評定所に呼び出されると、幕政の非をあばきたてた末に「このままでは三年か五年後に幕府はつぶれてしまうだろう」と言い放った。

激怒する役人にむかってさらに「これで死罪になっても悔いはしない」と叫んだというのである。薩摩人らしい豪放な気骨を示したわけで、松陰は「とても私の及ぶところではない。萩を出るとき入江杉蔵《いりえすぎぞう》(3)が、私に〝死〟の一字を示してくれたのは、死を決して幕吏に対せよというのだろうが、さてどうであろう」と、首をかしげるのだ。

松陰はここで唐の時代の英雄、段秀実《だんしゅうじつ》の故事を持ち出している。秀実は、ある時は諄々と人を説いたが、謀叛をたくらんだ奸臣から同調を求められると罵倒して殺された。

評定所での取り調べが、現代でいう法廷闘争にあたるものなら、松陰は「至誠にして動かざる者は未だ之れ有らざるなり」の信条をもって温和な姿勢をとった。それが通じなかったのは、自分の不徳のいたすところだと、松陰はいうのであろう。

注

（1） 日下部伊三次　「日下」が正しいとする説もある。薩摩藩士。密勅降下に動いて捕えられ、安政五年十二月十七日、獄中で病死。四十五歳。

（2） 密勅降下　安政五年六月、大老井伊直弼は勅許を得ないまま日米修好通商条約に調印した。将軍継嗣問題に敗れた一橋派は、この違勅調印を理由に、いっせいに井伊攻撃に立ち上がった。孝明天皇も激怒して譲位の意向を示し、八月には、条約調印に不満を示す勅諚、いわゆる「戊午の密勅」を水戸藩に下したのだが、それは志士たちの画策によるものでもあった。このことが井伊に大獄を決意させたといわれている。

（3） 入江杉蔵　萩藩足軽。のち九一と改名。字《あざな》は子遠。野村和作（靖）の実兄、安政五年、松下村塾に入る。禁門の変で自刃した。二十八歳。

奸権のために死す
第四章は、取り調べ後に作成された口書《くちがき》についてである。供述書にあたるものだ。

その内容は松陰にとって、はなはだ不満だった。七月九日、九月五日、十月五日と三回呼びだされたが、初日の七月九日に例の自白をしたあと、大した訊問もなく、十月十六日にいたって、口書の読み聞かせがあり、すぐに署名せよという。

ペリーの軍艦による密航のくわだてに関することや、外国に対してどのような策をとるべきかを述べた松陰の意見は、まったく記載されていなかった。

わずかに「国力充実の後、(外国を) 御打払ひ然るべく」といった愚にもつかぬことでお茶をにごしている。文句をいっても無益だろうと思い、黙っていわれるままに署名だけはした。

「甲寅《こういん》の歳、(1)航海一条の口書に比する時は雲泥の違と云ふべし」

松陰は安政元年、密航に失敗して自首し、取り調べられたさいの供述書が実によくできており、自分の意見がくわしく書き取られていたのを思い出したのだ。

あのときより幕府に対して、もっといいたいことが、今はある。時局に関する判断、批判を、慎重に、相手を怒らせないように述べた松陰としては、あてがはずれたという気持だったろう。

第五章、第六章もそれに関連したことで、とくに間部詮勝暗殺計画の自白についてふれている。

「已《すで》にして逐一口を開きしに、幕にて一円知らざるに似たり」

松陰は「われに死罪二つあり」といい、そのことを説明しているうちに、どうやら相手は何も知っていないのに気がついた。

つまり松陰は、幕府が事件のことをすべて調べあげていると思っていたのだ。進んで自白しようとしたのは、そのせいかもしれない。

松陰は口をつぐんだが、すでにあとの祭りである。ただ同志の名を挙げなかったので、連座の者を出さなかっただけは幸いだった。

そのようにして松陰一人の計画だったと解した役人の供述書は、これもまた創作に充ちたものであった。

「事遂げざる時は鯖侯《せいこう》(2)と刺違《さしちが》へて死し、警衛の者要蔽《ようへい》する時は切払ふべきとの事、実に吾が云はざる所なり。然るに三奉行強ひて書載して誣服《ふふく》せしめんと欲す」

ここで松陰は、断然署名を拒否し、奉行との激論となった。

「私は死を惜しんだのではない。権力による詐欺的行為が許せなかったのである」

しかし、ついに松陰はあきらめた。どうせ死刑になることはわかっているのだから、むしろ「刺違へ、切払ひ」という激烈な文字がよいのかもしれないと松陰は思う。

そして、「区々一言の得失に非ず。今日義卿《ぎけい》(3)奸権の為めに死す、天地神明照鑑上にあり、何惜しむことかあらん」との結論に達するのである。

注

(1)　甲寅の歳　安政元年（一八五四）。八八ページの注（1）参照。

(2)　鯖侯　老中間部詮勝。

(3)　義卿　松陰の字《あざな》。

死して不朽の見込み

「私はこのたびのことで、初めから生きのびようと心をくばったり、またかならず死ぬのだとも考えなかった。ただ自分の誠が相手に通ずるかどうか、天の命ずるところに従って、自然のはからいに身をゆだねようとしたのである」

最終的に死を覚悟するまで、獄中における心の動きが、第七章につづられている。生死を度外視し、あるいは死を願い、また生を希求したのち、三転して死を決するにいたる経過が率直に語られる。

七月九日、鯖江侯要撃などを自白したとき、役人の態度から、松陰は死を覚悟した。ところが、その後の九月五日、十月五日における吟味は簡単ではあったが、いかにも寛大な様子だったので、あるいは遠島ぐらいで済むのではないかと思いはじめた。生きられるものなら生きたいと願うようになった。

そのことを松陰は「此の心吾れ此の身を惜しむ為めに発するに非ず」という。死を望むのでもなく、生に執着するのでもない立場で、生死への応対を変化させていたのは迷いではなく、情況に応じて振幅させていたにすぎないというのである。

松陰はかつて門下生の高杉晋作から、「男子の死すべきところは」と質問されたことがあった。それに対して明確な答をしないままだったが、江戸送りとなり、死に直面してはじめて悟るところがあった。松陰が高杉にそのことを教える大要次のような手紙を書いたのは、七月中旬である。

「君は問う、男子の死ぬべきところはどこかと。私も昨年の冬投獄されていらいこのことを考えつづけてきたが、死についてついに発見した。死は好むものではなく、また憎むべきでもない。世の中には生きながらえながら心の死んでいる者がいるかと思えば、その身は滅んでも魂の存する者もいる。死して不朽の見込みあらば、いつ死んでもよいし、生きて大業をなしとげる見込みあらば、いつまでも生きたらよいのである。つまり私の見るところでは、人間というものは、生死を度外視して、要するになすべきをなす心構えこそが大切なのだ」

高杉に与えたこの手紙で語られる松陰の死生観と、『留魂録』の第七章に述べられた言葉が一対をなすものといってよいだろう。

この松陰の死生観は、高杉晋作の生涯に重大な影響を与えたようである。昔風な武士の意地を通した〝拙劣な死〟を彼は嫌って、しばしば亡命をかさねた。神出鬼没といった奔放な生き方をつづけ、最後に命がけの大仕事をやりとげたのも、彼なりに松陰の教えを実行したことになるのだろう。

処刑を目前にした松陰の死生観は、さらに次の第八章で切々と説かれるのである。

冴えわたる死生観

「今日死を決するの安心は四時《しじ》の順環《(循)》に於て得る所あり」で始まる第八章にいたって、松陰の筆は冴えわたり、『留魂録』の白眉《はくび》をなす部分である。名文で語られる松陰の生死の哲学は、永遠に人の心を打つものに違いない。

処刑といった残酷な手段によらずとも、たとえば病魔によって不本意な死を強いられようとするとき、人は未完の人生を歎くはずである。やり残した仕事に執着しながら、死んで行く人も多いことだろう。

松陰も一個の人間である限り、死への恐怖を覚えなかったはずはなく、それを裏付ける言葉も、繰り返し語られる逆の表現にあらわれている。

獄中にあって、刻々と近づいてくる死との対決、生そのものへの執着を断ち切ることに、救いの手をのべるのは、さしあたっては宗教であろう。

儒者でもあった松陰は、仏教に頼らなかったが、神にも祈らなかった。ひたすらその知性と意志力で死を克服しようとする努力のあとが『留魂録』の紙背に重くひびくのだ。そしてついに、穀物の四季の循環にたとえたこの死生観に達するのである。

「今日死を決するの安心は四時の順環に於て得る所あり」

松陰が三十歳で結んだ実は、モミガラなどでなく、見事な〝一粒の麦〟であったことは、歴史の証明するところである。

獄中のまじわり

安政の大獄で捕えられた人々が、松陰のほかにも多くいたわけで、第九章から十五章までは獄中の交友について語られている。

十月八日、松陰が高杉晋作にあてた手紙に「獄中の交《まじわり》は、総じて父子兄弟の如し」と書いているように、いたわりあい励ましあう様子が『留魂録』の文面からもうかがえる。

原則として囚人同士が会話することは禁止されていたが、むろん同室の者と話すのを止めようもなかっただろう。松陰はたとえば牢名主沼崎吉五郎を相手に講義さえもしているのである。

また獄舎の違う人々は、ひそかに文通もした。手紙のやりとりは、獄卒に賄賂を渡して仲介してもらったのだろう。人名を時に暗号で示したものがあり、獄内通信の苦心の跡も見える。すべては政治犯たちの旺盛な精神活動であった。

第九章はまず堀江《ほりえ》克之《よしの》助《すけ》(1)との交流に関するものである。堀江は水戸藩の郷士で藤《ふじ》田《た》東湖《とうこ》(2)・武田《たけだ》耕雲斎《こううんさい》(3)の知遇を受けた志士。安政四年、アメリカ総領事ハリスが江戸城にあらわれるのを知り、途中に襲おうとしたことを幕府に嗅《か》ぎつけられ捕えられた。

堀江の獄舎は、小伝馬上町牢の東口であり、松陰のいる西奥とは背中合わせとなって離れている。しかもこの二人は面識がなかったのだ。結局文通だけで終わっているが、遺されている松陰の書簡で調べてみると、八通を堀江に出しており、獄中で同志に与えたものとしてはもっとも多い。

「東口揚屋《あがりや》(4)に居る水戸の郷士堀江克之助、余未だ一面なしと雖も真に知己なり、真に益友なり」

堀江から松陰にあてた手紙を見ることはできないが、この『留魂録』によると、松陰は彼から次のように激励されたことがあり、それがずっと印象に残っていたようだ。

堀江は、松陰の死を覚悟した心境を聞いて、励ましの手紙を獄中から送ってきたのである。

この中にある矢部《やべ》駿州《すんしゅう》とは、江戸町奉行をつとめていた矢部《やべ》駿河守《するがのかみ》定謙《さだのり》である。天保《てんぽう》十二年（一八四一）、民政改革を断行しようとして職を追われ、翌年絶食して死んだ。

矢部定謙は、かつて大坂西町奉行だったころ大塩平八郎《おおしおへいはちろう》(5)との親交があった。大塩はすでに与力を退職していたが、民政に関するその助言に矢部は謙虚に耳を傾けた。彼が大坂を去ってから、大塩の運命は狂いはじめたともいわれている。

矢部が民政改革に意欲を燃やし、またそのような激越した行動をとったのも、陽明学者大塩の影響によるものだったにちがいない。

松陰が大塩の『洗心洞箚記《せんしんどうさつき》』を初めて読んだのは、嘉永《かえい》三年(一八五〇)、九州平戸《ひらど》に旅したときであった。平戸藩家老葉山佐内《はやまさない》(6)の蔵書の中にそれを見つけたのである。

「渠《か》れ固《もと》より卓識の士なり。吾人其《そ》の書を読み、勝心客気を挟まずして躬行心得《きゅうこうしんとく》を期せば、初めより発明するところなしとせず」

と、二十一歳の松陰は読後感を述懐したものだった。その大塩の影響を受けた矢部駿州の例をひく堀江の激励は、松陰に強い感銘を与えたのであろう。

安政の大獄で捕えられた人々を収容する江戸の獄中に、かすかではあるが大塩平八郎の影がさしていたのも興味ある事実である。

堀江克之助と同じ牢内に、水戸の勤王家鮎沢伊太夫《あゆざわいだゆう》(7)がいた。面識はなかったが、松陰は文通によって彼とも親しくなった。

鮎沢も〝戊午《ぼご》の密勅〟(8)に関連して投獄されていたのである。戊午（安政五年）八月、朝廷から幕府および水戸藩に下された勅諚《ちょくじょう》は、安政条約調印への不満、幕政改革、水戸藩の攘夷推進などを促したもので、これが井伊直弼《いいなおすけ》に大獄を決意させたといわれている。

第九章には堀江との交流につづいて、この鮎沢とのことが述べてある。鮎沢は次のような手紙を松陰によこした。

「今足下の御沙汰も未だ測《はか》られず、小子は海外に赴けば、天下の事総べて天命に付せんのみ、但し天下の益となるべき事は同志に托し後輩に残し度きことなり」

文中の「海外」とは、遠島の意味で、鮎沢はその判決を受け、島送りの日を待っていたのだ。遠島になった以上、あとのことは同志や後輩にまかせるほかはないと鮎沢はいう。

松陰は遠島の予想がはずれて、死刑になる身だが、鮎沢のいうとおり、後事は門下生たちに託したい。それは松陰にとって痛切な願いである。

堀江克之助や鮎沢伊太夫のようにすぐれた人物とは交際したらよい、彼らが獄中にいようと遠島になろうと、連絡をつけて交わることが必要だというのである。松陰は、門下生たちのために、彼らとの連絡の方法までくわしく教えてやっている。実に行きとどいた遺書というべきだろう。

この中に出てくる小林民部《こばやしみんぶ》(9)は、松陰より二十ばかりも年上だが、意気投合し、獄中のよき話し相手だった。十月十二日、松陰は彼に手紙を書き、「昨夜は存外に御移獄、只々当惑つかまつり候」と惜別の念をこめて次のような歌をおくっている。

やよやまてと云ふにいとまもなかりけり君が出でゆくよべの別れは
出立《いでたち》をともにと思ふ君なるにしばしはよしとおもひ給ふか

自分はさびしいが、密勅事件の同志である堀江や鮎沢と同獄になるのは、互いに喜ばしいことであろうというのだった。

小林民部は、松陰が処刑されて一ヵ月足らずの十一月十九日、獄死している。

第十、十一章は獄中交流の中で話しあわれた大学校設立に関する件だが、これはあとで述べる。

第十二章には、高松藩士長谷川宗右衛門《はせがわそうえもん》(10)のことが書いてある。長谷川宗右衛門は、このとき五十七歳である。かつて藩主と世子との不仲を諫言して、これをよく収めた。また高松藩と水戸藩との提携を画策したが容《い》れられず、安政四年に閉居を命じられた。翌年脱走して水戸に潜伏したが、藩と幕府からのきびしい追捕《ついぶ》を受け、ついに大坂藩邸に自首した。

江戸小伝馬上町の獄に入れられ、無期幽囚の判決だったが、それは松陰の処刑後と思われ、この『留魂録』では「未だ知るべからず」とある。

松陰とは獄が違うので、ともに生活することはなかったが、たまたま一度だけ会う機会があった。

『留魂録』のこの部分に対応するのは、松陰が十月十二日、小林民部にあてた手紙の中に出てくる言葉である。

「長谷川宗右衛門君も入牢に相成り候よし。さてさて苦心の事。速子の心中別して察し入り申し候。速子昨日の御吟味は……」

として、評定所の取り調べから帰った宗右衛門の子速水《はやみ》から、その模様を聞き出したことを書きつづっている。

長谷川速水の疑いは、高松藩主松平讃岐守《まつだいらさぬきのかみ》、大老井伊直弼の「撃ち果たし」を計画したのではないかということだった。速水は徹底的に否定したようである。

「追ってまた吟味があるそうだが、以上のことを堀江克之助らにも伝えておいて下さい」

評定所での取り調べの内容を、情報として互いに通信していたことを物語っている。

『留魂録』第十三章では、獄中での交流をこまごまと書いておく理由が述べられ、これらはいたずらに書いたのではなく君たちが有志の士と志を通ずることが大切だからと断わっている。

第十四章は、橋本左内《はしもとさない》への追悼である。橋本左内は福井藩医《はんい》。大坂で緒方洪庵《おがたこうあん》に医学・洋学を、また江戸に出て杉田玄白《すぎたげんぱく》に蘭学・医学を学んだ。藩主松平春岳《まつだいらしゅんがく》に認められ、藩政改革に尽くしたが、将軍継嗣問題(11)がおこると、一橋慶喜《ひとつばしよしのぶ》擁立に動いた。

慶喜を将軍とすることによって、幕政改革、統一国家の実現、資本主義諸国の技術の導入や、日本とロシアの提携などをとなえた。

安政の大獄は、そもそも将軍継嗣問題に端を発しており、井伊直弼がかついだ紀伊派（家茂《いえもち》）の勝利によって、一橋派への弾圧、さらに幕政批判勢力の一掃となって吹き荒れたものだ。

左内のような重要人物は、とうてい幕府の許すところではなかった。安政五年十月に捕えられて親戚預けとなり、翌年十月江戸獄入り。その七日に斬首《ざんしゅ》された。

松陰は、左内が親戚預けになっている一年前に『資治通鑑《しじつがん》』(12)を読み、註をつくったと知って感心した。

松陰もかつて萩の獄中で講義・読書・著作に励んだ経験があるので共感するとこ

ろがあったのだろう。そして、松陰もまた左内のあとを追うように、首を打たれ、永遠にその姿を消そうとしているのだった。

「清狂《せいきょう》(13)の護国論及び吟稿、口羽《くちば》(14)の詩稿、天下同志の士に寄示したし。故に余是れを水人鮎沢伊太夫に贈ることを許す。同志其れ吾れに代りて此の言を践《ふ》まば幸甚なり」(第十五章)

　死刑にはなるまいと思っていたころ、松陰は鮎沢伊太夫とそんな約束をしたことが気になっていたのだろう。わざわざ遺書の中に一章を立てて、約束の代行を門下生に依頼しているのである。

　友人への信義といえば、松陰がかつて宮部鼎蔵《みやべていぞう》(15)らと旅行に出る約束の日時を守ろうとして、ついに脱藩の罪を犯した事例がある。そのために士籍を剝奪されたのだ。

　鮎沢との約束も松陰にとっては、重大なことなのである。門下生のだれかが、師に代わって清狂(松陰の師、周防《すおう》遠崎、妙円寺の住職月性《げっしょう》)の著書を鮎沢に届けてやったかどうかは不明である。

鮎沢は、松陰の処刑と同じ日に遠島の判決を受けたが、十一月には変更があり豊《ぶん》後《ご》佐伯藩での禁固となった。四年後出獄、水戸藩に復帰して勘定奉行、奥右筆頭取などの要職をつとめた。元治《げんじ》元年（一八六四）三月の水戸藩内訌《ないこう》では、改革派として対立する門閥派と争い、敗れて京都に潜伏。やがて明治元年（一八六八）十月、帰藩して門閥派を一掃したものの、藩校弘道館《こうどうかん》での戦いで討死した。

注

（1）堀江克之助　水戸藩郷士。許されてのち文久元年、江戸高輪東禅寺のイギリス仮公使館襲撃に加わり、捕えられて再び投獄。水戸に送られ、維新後釈放。明治四年没。六十二歳。

（2）藤田東湖　水戸藩士。水戸学派の儒者。尊攘派志士の指導的地位にあったが、安政二年の江戸大地震で圧死した。五十歳。

（3）武田耕雲斎　水戸藩士。尊攘派志士。天狗党の筑波山挙兵に主将となり、京都へ行く途中、金沢藩に降伏し、斬られた。

（4）揚屋　牢のひとつ。御目見え以下の直参、陪臣、僧侶、医者が入る牢。

（5）大塩平八郎　儒者。大坂町奉行所与力をつとめ、さらに吟味役として名声をあげた。職を辞したのち著述に専念するかたわら私塾洗心洞で子弟を教育。天保七年の飢饉に際して翌年窮民救済の兵をおこし失敗して自刃。四十五歳。

（6）葉山佐内　平戸藩家老。佐藤一斎門下の儒者。平戸にきた松陰に蔵書を閲覧させた。元治元年没。六十九歳。

（7）鮎沢伊太夫　水戸藩士。密勅事件に連座して投獄。松陰刑死後、獄中追悼歌を編集した。豊後《ぶんご》佐伯藩《さえきはん》で禁固。復帰後の明治元年、水戸藩内訌で討死。四十五歳。一〇一ページ本文参照。

（8）戊午の密勅　四六ページの注（2）参照。

（9）小林民部　日下部伊三次・橋本左内らとともに尊攘運動に活躍。五十二歳で獄死。文久三年、高杉晋作らが松陰の遺骨を改葬するとき民部の遺骨もいっしょに小塚原から若林町（世田谷区）に移した。

（10）長谷川宗右衛門　無期幽囚を申し渡された宗右衛門は、小伝馬上町の牢から高松の獄につながれ、文久二年に釈放。元治元年、長州征伐に反対し、大政奉還に関連してふたたび投獄。明治二年に許された。三年病にかかり、九月上京の船中で死亡。六十八歳。その子速水も高松に移されたが、万延元年八月、血を吐いて獄死。二十六歳。

（11）将軍継嗣問題　幕府十三代将軍家定の跡継ぎをめぐる政争。安政四年から翌年にかけ、幕閣の独裁を押え、雄藩合議制を主張する松平慶永・島津斉彬ら家門・外様大名の一橋派と、幕府独裁を維持しようとする井伊直弼ら譜代大名の南紀派が争ったが、井伊の大老就任で南紀派の勝利に終わった。これに安政五ヵ国条約もからんで一大政争となり、安政の大獄をひきおこした。松陰はこの継嗣問題には関与していなかったが、井伊による一連の弾圧により反幕思想の元凶とみられ処刑されたのである。

（12）『資治通鑑』治世に利益があって歴代為政者の鑑《かがみ》とするに足るという意味。中国の周の威烈王の二十三年から五代後周の世宗の顕徳六年にいたる歴代君臣の事跡を司馬《しば》光《こう》が編年体で編纂した史書。松陰もよく読んでいた。

（13）清狂　妙円寺月性。「男児志ヲ立テテ郷関ヲ出ヅ」の詩で有名な僧侶。海防僧とも呼ばれ松陰の思想形成に影響を与えた一人。安政五年病死。四十二歳。松陰が鮎沢と約束した月性の著書は『仏法護国論』『清狂吟稿』などである。

（14）口羽徳祐《とくすけ》（輔）萩藩の高級家臣寄組の士で、寺社奉行などつとめた。江戸で安積《あさか》艮斎《ごんさい》らに従学。松陰のよき理解者で親交があった。久坂玄瑞も口羽の世話になっている。肺結核のため安政六年九月病死。二十六歳。

（15）宮部鼎蔵　肥後の人。医師の家に生まれたが山鹿流軍学を修めた。嘉永三年、九州を遊歴した松陰は、同門の先輩として、熊本に宮部を訪ねていらい親しく交流。松陰が約束を守るため脱藩して士籍を削られた東北旅行のときの相手が宮部である。公卿や列藩の志士のあいだに活躍し、元治元年六月、京都池田屋で新撰組に会合を襲われ自刃した。四十五歳。

尊攘堂の設立

京都に「大学校」を設立する構想を、かねてから松陰は練っていた。第十、十一の両章は、そのことについて述べている。堀江克之助が「神道をあがめ、天皇を尊び、大道を天下に明白にし、異端邪説を排するためには、天朝より教書を出版して広く世に配布するのがよい」と松陰に語った。

そこで松陰が入江と尊攘堂《そんじょうどう》について早くから相談していたことは、十月二十日、彼にあてた手紙の中に「かねて御相談申しおき候尊攘堂のこと……」とあるのでわかる。

松陰は、「自分もどうやら処刑されそうなので尊攘堂の件はあきらめた。しかし君がその志を継いでくれるに違いなく、たのもしく思っている」と、あらためて尊攘堂の構想を述べている。

『留魂録』第十章は、その大意をつづったものだが、入江あての手紙には、かなりくわしく説明してある。

尊攘堂と名づける大学校には、天皇・親王・公卿から武士、農商人にいたるまで、あらゆる身分の者の入学を許し、入寮寄宿もできる設備を整える。

松陰が小林民部から聞いたところによると、学習院では定期的に講座が開かれ、この日は町人百姓まで聴講することが許されていた。また懐徳堂《かいとくどう》(1)を参考に、新しく学問所を興すのもよいではないかと民部はいった。

これらの方式にならって、開かれた大学校にしたら、大いに尊攘堂は興隆するだろうと松陰は考えるのである。

松陰はすでに松下村塾で、身分差別のない教育を実践してきたのだ。村塾では宿泊もできるようになっていた。つまり松下村塾を、そのまま大規模にした教育施設を構想していたのである。大学校での教学について、手紙では次のようにいう。

「朱子学だ、陽明学だと偏っていては何の役にも立つまい。とにかく尊王攘夷の四字を眼目として、だれの著書でも、だれの学説でもその長所を取って学ぶようにしたらよいのである」

この言葉は、学者としての松陰の姿勢を、実によくあらわしている。松陰を陽明学派とみたり、いや朱子学派だと決めつけたりできないのはそこからきているのだ。国学も採り入れ、すべての学統を総合した〝松陰学〟(2)といったものを、松陰が長く生きていたら完成したかもしれないのである。

松下村塾が、普通の儒学塾と性格を異にするのはそのためで、出身者の弾力性にとんだ発想も、そんな学風の中で養われていたといえるだろう。

さて、大学校設立のことを一任された入江杉蔵は、元治元年の禁門の変で討死してしまった。明治になって、松陰門下の一人、品川弥二郎《しながわやじろう》(3)がそれを知り、松陰の遺志をついで京都に尊攘堂を実現させたのは明治二十年（一八八七）だった。維新史料が多く集められた尊攘堂は、現在、京都大学の図書館が管理している。

注

（1）懐徳堂　懐徳書院ともいう。享保九年、大坂におかれた学校。中井甃菴《なかいしゅうあん》を中心に大坂町人の援助で開かれた。のち幕府より官許され、半官立の学校となり、士庶共学だったが、庶民が多く、逸材を世に出した。

（2）〝松陰学〟　玖村敏雄著『吉田松陰の思想と教育』参照。

（3）品川弥二郎　萩藩足軽。十五歳で松下村塾に入る。松陰の死後、久坂・高杉らとともに尊攘運動。維新後はドイツ公使、内務大臣などつとめた。信用組合法の成立に尽力。農協生みの親ともいえる。明治三十三年没。五十八歳。

死刑宣告

いよいよ終章である。ここには小田村伊之助《おだむらいのすけ》をはじめ久坂玄瑞、高杉晋作ら十人の名をあげ、彼らのことを獄中で知りあった人々に話しておいたと書き、これも今後のためを思ってのことだと念を押している。

これで『留魂録』の本文は終わる。

最後に「かきつけ終りて後」と題し、和歌五首が掲げてある。悟りの境地に達した死刑囚らしいこの歌を書きつけた部分の字は、意外にもたいそう乱れている。「十月二十六日黄昏《たそがれ》書す」とあるのが印象的だ。処刑前日の夕刻、大急ぎで書き足したための筆の乱れだろうか。あるいはそれが心理状態からきたものであってもよいのである。冷静で、整った字であるよりも、やはり松陰の「人間」を思わせ、むしろ感動的である。

しかし、松陰が死刑判決をうけて「顔面蒼白、口角泡を吹いて、憤然と反抗した」というようなことがいわれているのは、どうであろうか。

者）が、後年著わした『唱義聞見録《しょうぎぶんけんろく》』の中に書いていることが誇張されて伝わったものらしい。世古は、たまたま取り調べのため評定所に呼び出されて、松陰を目撃したというのである。

これは当時小伝馬上町の牢につながれていた世古恪《せこかく》（格）太郎《たろう》(1)（密勅事件連座

「一人の同心が寅次郎に、お覚悟はよろしゅうございますかというと、寅次郎は、もとより覚悟の事でございますと答えた。そして、おのおの方にも段々御世話に相成りましたというや否や、駕籠に押しこまれ、戸をしめるとすぐさま同心大勢が取り巻き、飛ぶがごとく出て行った」

ここまでが目撃談で、その次に残っていた同心が「彼を縛る時、気息荒く切歯し、口角泡を出すごとく、実に無念そうだったといっていた」と書いたのである。つまり目撃したのではなく、同心が話しているのを小耳にはさんだというのだが、このあたりが怪しいのである。

そこにいた同心ということなら、依田学海《よだがっかい》(2)の安政六年十一月八日の日記には、吉本平三郎という同心から聞いた松陰の話が次のように書かれている。

「奉行死罪のよしを読み聞かせし後、畏《かしこま》り候よし、うやうやしく御答へ申して、平日庁に出づる時に介添せる吏人に久しく労をかけ候よしを言葉やさしくのべ、さて死刑にのぞみて鼻をかみ候はんとて、心しづかに用意してうたれけるとなり」

松陰が大声を発したのは、事実のようだ。評定所ではなく、揚屋に帰ってからである。その事情は飯田正伯らが萩へ送った「埋葬報告書」にある。

「先生（評定所より）獄中に帰り、直ちに西奥の同居の人々に一礼をのべられ、上下紋付の上に荒縄にかかりながら東奥に行き、同志の人々堀江、長谷川、小林らの人々に面会成され候へども、獄中他室の人に言語を通ずることを禁ずる、従つて大音声にて辞世詩歌三返おしかへして歌ひ候に付き、獄中同志の人々筆記し、僕らに送る」

そのときの辞世の詩歌というのは、『留魂録』冒頭の和歌と次の五言絶句である。

我今為国死　　我今国の為に死す

死不背君親　死して君親に背かず
悠々天地事　悠々天地の事
鑑照在明神　鑑照明神に在り

鮎沢伊太夫もそれをはっきり聞きとり、後年「従容としていさぎよく、人々実に感じける」と書き遺している。

また長州藩公用人として判決に立ち会った江戸藩邸留守居役小幡高政《おばたたかまさ》(3)の談話記録によると、松陰は評定所での宣告を受けたときも、その五言絶句を朗誦したようである。飯田らの報告書では、おそらく評定所に呼び出される駕籠の中で、作詩したものであろうという。小幡は次のようにいう。

「時に幕吏等なほ座にあり。粛然と襟を正してこれを聞く。肺肝をゑぐらるるの思ひあり。護卒また傍より制止するを忘れたるものの如く、朗誦終りてわれにかへり、狼狽《ろうばい》して駕籠に入らしめ、伝馬町の獄に急ぐ」

処刑を前にして、内心平常であり得ないのは、松陰ほどの人物であっても当然のことではあろうが、死刑の宣告はすでに覚悟しているのであり、憤然抗議するというような態度をとったとは、やはり思えないのである。

松陰は処刑七日前の十月二十日、飯田正伯、尾寺新之丞にあてて、手紙を出している。自分の死後の処置について、具体的な事柄を指示したもので、これも一種の遺書とみてよいものだろう。その主な項目は次のようである。

一、獄中で恩になった沼崎吉五郎は篤志の人であり、役に立つ人である。遠島が決まっている。

一、鷹司殿御家来小林民部は同居していた。水戸殿御家来鮎沢伊太夫は同居せず。両人とも遠島である。姓名を記憶しておいてほしい。

一、東口揚屋名主堀達之助《ほりたつのすけ》、(4)この人にも世話になった。

一、首を葬ることは沼崎と堀江に頼んでおいた。代料三両ばかりもかかるよし。返しておいてほしい。

一、周布(政之助)に頼んで十両ばかり借りて、首の償料のほか、沼崎に三両、

堀に一両、堀江に一両ばかり、小生生前の恩義を忘れない志をのべて贈って
おいてほしい。

飯田正伯らは、松陰の指示に従って、それらのことを処理したのである。死に対する松陰の覚悟と、自分の死後に関する行きとどいた配慮は、通常の人間をはるかに越えた見事なものだったというほかはない。

そうした心ばえを背景に、日本人の遺書として、それ自体後世まで輝きを放つ『留魂録』は執筆されたのである。

注

(1) 世古恪（格）太郎　伊勢松坂の富豪の酒造家に生まれた。儒学・国学を学ぶ。安政五年、上京して密勅降下に奔走。投獄、所払いとなって伊勢久米村に蟄居《ちっきょ》した。維新後、京都府判事、宮内権大丞など歴任。『銘肝録』『唱義聞見録』など安政の大獄に連座した思い出を書いた著書があり、この中で松陰の死際を取り乱したように述べた部分が問題視された。明治九年没。五十三歳。

(2) 依田学海　漢学者。もと佐倉藩士。郡方代官などつとめて治績を残した。維新後は

文部省に出仕し少書記官。明治四十二年没。七十七歳。

（3）小幡高政　萩藩士。萩町奉行から江戸留守居役に転じ、松陰の死刑宣告に立ち会った。元治元年、病んで辞職。慶応二年夏、北第五大隊総督用掛となり幕軍と芸州口に戦う。維新後、宇都宮県参事、小倉県権令を歴任、明治九年、郷里萩に帰り、士族授産事業として夏ミカン栽培を提唱、萩特産物の因を成した。また百十銀行（山口銀行の前身）の創立にも参画。明治三十九年没。九十歳。

（4）堀達之助　長崎、オランダ通詞中山作三郎の五男。オランダ語に通達し、ペリー来航のときの通訳をつとめた。安政元年、下田在任中、外人の交易願書を独断で処理したため投獄され五年間在獄し、沼崎吉五郎と同じく牢名主だった。松陰とは二度同室となり、親しく通信もした。出獄後、洋書調所の教授となる。久坂玄瑞も一時（万延元年）この人物に師事した。文久のころ英和辞典を著わす。維新後は、開拓使大主典《だいさかん》などをつとめたが帰郷。のち大阪に移り、明治二十七年没。七十二歳。

II 留魂録

〔第一章〕

身はたとひ武蔵の野辺に朽ぬとも留置まし大和魂

十月念五日　　二十一回猛士

一、余去年已来心蹟百変、挙げて数へ難し。就中、趙の貫高《かんこう》(1)を希《こいねが》ひ、楚の屈平《くっぺい》(2)を仰ぐ、諸知友の知る所なり。故に子遠《しえん》(3)が送別の句(4)に「燕趙多士一貫高。荊楚深《ク》憂《フ》只屈平」と云ふも此の事なり。然るに五月十一日(5)関東の行を聞きしよりは、又一の誠字に工夫を付けたり。時に子遠死字を贈る。余是れを用ひず、一白綿布を求めて、孟子の「至誠(6)にして動かざる者は未だ之れ有らざるなり」の一句を書し、手巾へ縫ひ付け携へて江戸に来り、是れを評定所に留め置きしも吾が志を表するなり。去年来の事、恐れ多くも天朝・幕府の間、誠意相孚《あいふ》せざる所あり。天苟《いやしく》も吾が区々の悃誠《こんせい》を諒し給はば、幕吏必ず吾が説を是《ぜ》とせんと志を立てたれども、蚊蝱《ぶんぼう》山(7)を負ふの喩《たとえ》、終に事をなすこと能はず、今日に至る、亦吾が徳の菲薄なるによれば、今将《は》た誰れをか尤《とが》め且つ怨まんや。

注

（1）貫高　趙王張敖《ちょうごう》の宰相。漢の高祖が趙王を侮辱したのを怒り、王のために高祖を殺そうとして王とともに捕えられた。王は許され、貫高は獄中で自殺した。

（2）屈平　屈原《くつげん》のこと。戦国時代の楚の憂国の詩人。懐王《かいおう》・襄王《じょうおう》につかえたが、讒言《ざんげん》に遇い江南に移された。諫言が用いられない悲憤のあまり石を懐にして汨羅《べきら》に投身自殺した。

（3）子遠　松陰の門下生・入江杉蔵（九一）、松下村塾時代、松陰がこの字《あざな》をつけた。

（4）江戸送りとなる松陰に門下生たちが送別の詩を贈った。その中の杉蔵の詩。四聯「楚国深憂独屈平」は松陰の記憶違いか、『留魂録』では「荆楚深憂只屈平」とある。

久唱尊攘只此行　　久しく尊攘を唱ふ、只だ此の行、
聊当畿道拝皇京　　聊か畿道に当りて皇京を拝せん。
燕趙多士一貫高　　燕趙の多士、一貫高、
楚国深憂独屈平　　楚国の深憂、独り屈平。
宿昔丹心不朽志　　宿昔の丹心、不朽の志、
秪今青史百年名　　秪今《ただいま》青史、百年の名。

孤懐雖痛寧須泣　孤懐痛むと雖《いえど》も寧《いずく》んぞ泣くを須《もち》ひん。
知己生離万古情　知己生離、万古の情。

（5）十一日　十四日の誤記と思われる。
（6）至誠　『孟子』離婁《りろう》上篇第十二章にある言葉「至誠にして動かざる者は未だ之れ有らざるなり。誠ならずして未だ能《よ》く動かす者は有らざるなり」。松陰はつねに至誠をモットーとして生きた。
（7）蚊蝱《ぶんぼう》　蚊《か》と虻《あぶ》。『荘子』外篇秋水篇に「蚊に山を負わせ……」と出ている。

〈現代語訳〉

身はたとひ武蔵の野辺に朽ちぬとも留《とど》め置《お》かまし大和魂《やまとだましい》

十月二十五日　二十一回猛士

一、私は昨年いらい実にさまざまな思いがうつり変わって、それは数えきれないほどである。なかでもとくに私がかくありたいと願ったのは、趙の貫高《かんこう》であり、また楚の屈平《くっぺい》であることは諸君のすでに知るところだ。だから、入江杉蔵《いりえすぎぞう》（子遠《しえん》）は私が江戸送りになると知って、「燕や趙にすぐれた士は多いが貫高のような人物は一人しかいなかったし、荆《けい》や楚にも深く国を憂う人は屈平だけだった」という送別の詩を贈ってくれたのである。

しかしながら、五月十四日に東送の命令を聞いてからは、「誠」という一字について考えてみた。するとたまたま杉蔵がこんどは「死」の字を私に示し、死を覚悟するように説いてくれた。私としてはそのことを考えないことにし、一枚の白木綿の布を求めて、孟子の「至誠にして動かざる者は未だ之れ有らざるなり」の一句を書いて、手拭に縫い付け、江戸にたずさえてきた。そして、これを評定所に留めおいたのも自分の志を表わすためであった。

昨年の情勢の推移を見るに、恐れ多くも朝廷と幕府のあいだには、互いに誠意が通じないところがあり残念に思われる。私の小さくてつまらないながら一途につらぬこうとする誠意をわかってもらえたなら、幕府の役人も私の説を聞いてくれるだろうと志を立てたのである。だが、蚊《か》や虻《あぶ》のような小さな虫でも群れをなせば山をも覆《おお》ってしまうとの譬《たとえ》どおり、幕府の俗吏どもがそれをにぎりつぶしてしまい、ついになすことなく今日にいたった。これも私の徳が薄いためだから、今さらだれをとがめ、怨むことがあろうか。

〔第二章〕

一、七月九日、初めて評定所呼出しあり、三奉行出座(1)、尋鞫《じんきく》の件両条あり。一に曰く、梅田《うめだ》源次郎《げんじろう》(2)長門下向の節、面会したる由、何の密議をなせしや。二に曰く、御所内に落文《おとしぶみ》あり、其の手跡汝に似たりと、源次郎其の外申立つる者あり、覚ありや。此の二条のみ。夫れ梅田は素より奸骨あれば、余与《とも》に志を語ることを欲せざる所なり、何の密議をなさんや。吾が性公明正大なることを好む、豈《あ》に落文なんどの隠昧の事をなさんや。余、是《ここ》に於て六年間幽囚中の苦心する所を陳じ、終に大原《おおはら》公(3)の西下を請ひ、鯖江《さばえ》侯(4)を要する等の事を自首す。鯖江侯の事に因りて終に下獄とはなれり。

注

（1）三奉行　評定所での取り調べにあたった寺社奉行松平伯耆守、町奉行石谷因幡守、勘定奉行池田播磨守。

（2）梅田源次郎　雲浜。四三ページ注（3）参照。

（3）　大原公　四三ページ注（4）参照。
（4）　鯖江侯　四九ページ注（2）参照。

〈現代語訳〉

一、七月九日に初めて評定所から呼び出しがあった。三奉行が出座し、次の二点について私を尋問した。

その一つは梅田源次郎が長州に行ったとき面会したというが、いかなる密議をしたか。今一つは御所内に落文《おとしぶみ》があったが、その筆跡がお前のによく似ていると源次郎その他は言っている、覚えがあるかということだった。

梅田源次郎という人物は、がんらい奸智にたけており、共に志を語りたくないと思っていた私が、何で彼と密議をかわすことがあろうか。また私は公明正大に行動することを信条としている。落文などという陰にかくれた言論活動はけっしてしない。

右二点をあきらかにしたのみ、私は六年間にわたる幽囚生活のあいだ、あれこれと苦心したことを陳述し、ついに大原公の西下をさそい、間部《まなべ》要撃を計画したことなどを自供してしまった。この間部要撃計画の自首によって、私は獄に投じられることになったのである。

〔第三章〕

一、吾が性激烈怒罵に短し、務めて時勢に従ひ、人情に適するを主とす。是《ここ》を以て吏に対して幕府違勅の已むを得ざるを陳じ、然る後当今的当《てきとう》の処置に及ぶ。其の説常に講究する所にして、具《つぶ》さに対策(1)に載するが如し。是を以て幕吏と雖も甚だ怒罵すること能はず、直に曰く、「汝陳白する所悉く的当とも思はれず、且つ卑賤の身にして国家の大事を議すること不届なり」。余亦深く抗せず、「是を以て罪を獲るは万万辞せざる所なり」と云ひて已みぬ。幕府の三尺《さんせき》(2)、布衣《ふい》(3)、国を憂ふることを許さず。其の是非、吾れ曾て弁争せざるなり。聞く、薩の日下部伊三次《くさかべいそうじ》は対吏の日、当今政治の欠失を歴詆《れきてい》して、「是くの如くにては往先《ゆくさき》三五年の無事も保し難し」と云ひて、鞠吏《きくり》を激怒せしめ、乃ち曰く、「是を以て死罪を得ると雖も悔いざるなり」と。是れ吾れの及ばざる所なり。子遠の死を以て吾れに責むるも、亦此の意なるべし。唐の段秀実、[4]《だんしゅうじつ》郭曦[5]《かくぎ》に於ては彼れが如くの誠悃《せいこん》、朱泚《しゅせい》[6]に於ては彼れが如くの激烈、然らば則ち英雄自ら時措《じそ》の宜しきあり。要は内に省みて疚《やま》しからざるにあり。抑〻《そもそも》亦人を知り幾《き》を見ることを尊ぶ。吾れの得失、当《まさ》に蓋棺《がいかん》の後を待ちて議すべきのみ。

注

(1) 対策　松陰の論文『対策一道』。日本国のとるべき道を述べ〝航海雄略論〟を展開している。
(2) 三尺　昔、三尺の竹簡に法律を書いたので法律のことをさす。
(3) 布衣　官位のない人。
(4) 段秀実　唐の人。字《あざな》は成公。徳宗のとき司農卿となる。顕官郭子儀の子郭晞《かくき》が父の威を借り乱暴なふるまいがあるので、秀実は諄々とこれをさとして改心させた。また朱泚が謀叛をくわだてたとき秀実に加担をさそいかけたが、彼はその牙笏《げしゃく》を奪って撃ち面罵した。このために殺された。
(5) 郭曦　前掲「郭晞」の誤りか。
(6) 朱泚　前掲、徳宗のとき乱をおこして皇帝となったが、のちに部将に殺された。

〈現代語訳〉

一、私は性格が激しく、ののしられるとたちまち怒りを発する。それが自分でもわかっているから、日ごろはつとめて時流に従い、人々の感情に適応するように心がけてきた。

幕吏に対してもそれをもって臨み、幕府が朝廷の意思にそむいているのも、やむを得ない事情があったと相手の立場を認めた上で、これからとるべき適当な処置は何であろうかという方向に論を進めた。そこで私が説こうとするのは、常に講究していることで、すでに『対策一道』に書いたとおりである。そうした私の姿勢に対しては幕吏もさすがに怒罵することができなかったが、ただちに次のようなことを言った。

「お前の陳述することがすべて正しいとは思えない。かつ卑しい身分のくせに国家の大事を論ずるなどは不届である」

私はそれにも強く抗弁せず、ただ「このことが罪になるというのなら、それを避けようとは思わない」とだけ述べておいた。

幕府の法によれば、庶民が国を憂うことを許していない。その是非について私はこれまで弁じたり争ったりしたことはなかった。

聞くところによると、薩摩の日下部伊三次《くさかべいそうじ》は、取り調べのとき当今の幕政の欠陥を徹底的に論じ立て、「こんなことでは幕府の安泰も三年か五年程度しか保てまい」と言ったため役人は激怒した。しかも日下部はさらに「これで死刑になっても悔いることはない」と言ってのけた。私などには遠く及ばないところだ。杉蔵が私に死を覚悟せよと説いたのはこの意味かもしれない。

唐の段秀実《だんしゅうじつ》は、郭曦《かくぎ》（郭晞《かくき》）には誠意を尽くし、朱泚《しゅせい》には激烈に対して殺された。英雄は時と所によって、それにふさわしい態度をとった。大事なことは、おのれをかえりみて疚《やま》しくない人格を養うことだろう。そして相手をよく知り、機を見るということもよく考えておかなければいけない。私の人間としての在り方がよいか悪いかは、棺《かん》の蓋《ふた》をおおった後、歴史の判断にゆだねるしかない。

〔第四章〕

一、此の回の口書《くちがき》甚だ草々なり。七月九日一通り申立てたる後、九月五日、十月五日、両度の呼出しも差《さし》たる鞠問《きくもん》もなくして、十月十六日に至り、口書読聞《よみきか》せありて、直ちに書判せよとの事なり。余が苦心せし墨使応接、航海雄略等の論、一も書載せず。唯だ数個所開港の事を程克《ほどよ》く申し延べて、国力充実の後、御打払ひ然るべくなど、吾が心にも非ざる迂《う》腐《ふ》の論を書付けて口書とす。吾れ言ひて益なきを知る、故に敢へて云はず。不満の甚しきなり。甲寅《こういん》の歳、(1)航海一条の口書に比する時は雲泥の違と云ふべし。

注

(1) 甲寅の歳　甲寅は安政元年の干支《えと》。この年、松陰は海外密航をくわだてて果さなかったが、評定所の取り調べでは役人一同が松陰の心事をよく理解してくれた。それと同じように三奉行らが自分の弁論に耳をかたむけてくれるものと期待して間部要撃策などを自供したが、裏目に出た。罪は決まったようなもので、取り調べはほとんどなく弁論の機会は与えられなかった。

〈現代語訳〉

一、評定所で作成されたこのたびの供述書はまことに簡単なものである。七月九日にひと通り申し立てた後、九月五日、十月五日両度の呼び出しのときも大した訊問はなく、十月十六日にいたって、供述書の読み聞かせがあり、ただちに署名せよとのことだった。

私が苦心したアメリカ使節との応接、航海雄略論などについてはひとことも書いておらず、ただ数個所に開港のことをほどよく申し述べて、国力が充実したあとで外国を打ち払うのがよいなどと、私の心にもない愚にもつかない論を書き付けて、これを供述書にしている。言っても仕方がないとわかったので、もうあえて抗議はしないことにした。はなはだ不満である。安政元年（一八五四）に、私がペリーの軍艦で海外密航をくわだて捕えられたときの供述書にくらべると雲泥の差がある。

〔第五章〕

一、七月九日、一通り大原公の事、鯖江《さばえ》要駕《ようが》の事等申立てたり。初め意《おも》へらく、是れ等の事、幕《ばく》にも已に諜知《ちょうち》すべければ、明白に申立てたる方却つて宜しきなりと。已にして逐一口を開きしに、幕にて一円知らざるに似たり。因つて意《おも》へらく、幕にて知らぬ所を強ひて申立て多人数に株連蔓延《しゅれんまんえん》せば、善類を傷《そこな》ふこと少なからず、毛を吹いて(1)瘡《きず》を求むるに斉《ひと》しと。是《ここ》に於て鯖江要撃の事も要諫とは云ひ替へたり。又京師往来諸友の姓名、連判諸士(2)の姓名等成るべき丈けは隠して具白せず、是れ吾れ後起人の為めにする区々の婆心《ばしん》なり。而して幕裁果して吾れ一人を罰して、一人も他に連及なきは実に大慶と云ふべし。同志の諸友深く考思せよ。

注

（1）毛を吹いて　『韓非子』大体篇にある「毛を吹きて小疵を求めず、垢を洗ひて知り難きを察せず」から引いた言葉。

（2）連判諸士　松陰が間部詮勝の暗殺計画を立てたとき連判状（所在不明）に署名したのは門下生十七名だった。そのうち入江杉蔵・品川弥二郎・岡部富太郎・作間忠三郎・有吉熊次郎・吉田栄太郎（稔麿）・時山直八・久保清太郎・増野徳民・福原又四郎・佐世八十郎（前原一誠）の十一人は判明している。

〈現代語訳〉

一、七月九日、ひと通り大原公のこと、間部要撃策のことなど申し立てた。これらは幕府においてすでに探知しているであろうから、こちらから明白に申しておくほうがよかろうと初めのうち私は思ったのである。そこで逐一そのことを自供したのだが、幕府は何も知っていないようだった。

幕府が知らないことを強いて申し立て、多くの人々に災厄を及ぼし、無関係の人を傷つけるのでは、毛を吹きわけて傷口を見つける譬《たとえ》にもひとしいと思いなおした。だから間部要撃の件についても「要撃」でなく「要諫《ようかん》」と言いなおした。また、京都に往来する諸友の姓名や間部要撃のとき連判状に署名した人々の姓名も隠して供述しなかった。これは後から起ち上がる人のためを思う私のささやかな老婆心であった。果たして幕府の裁決は、私一人を罰して、他には一人も波及しなかった。実に喜ぶべきことだと思っている。

〔第六章〕

一、要諌一条に付き、事遂げざる時は鯖侯と刺違《さしちが》へて死し、警衛の者要蔽《ようへい》する時は切払ふべきとの事、実に吾が云はざる所なり。然るに三奉行強ひて書載して誣《ふ》服《ふく》せしめんと欲す。誣服は吾れ肯《あ》へて受けんや。是を以て十六日書判の席に臨みて、石谷・池田の両奉行と大いに争弁す。吾れ肯へて一死を惜しまんや、両奉行の権詐に伏せざるなり。是れより先き九月五日、十月五日両度の吟味に、吟味役まで具《つぶ》さに申立てたるに、死を決して要諌す、必ずしも刺違へ・切払ひ等の策あるに非ず。吟味役具さに是れを諾して、而も且つ口書に書載するは権詐に非ずや。然れども事已に爰《ここ》に至れば、刺違へ・切払ひの両事を受けざるは却つて激烈を欠き、同志の諸友亦惜しむなるべし。吾れと雖《いえど》も亦惜しまざるに非ず、然れども反復是れを思へば、成仁の一死[1]、区々一言の得失に非ず。今日義卿奸権の為めに死す、天地神明照鑑上にあり、何惜しむことかあらん。

注

（1）成仁の一死　『論語』衛霊公《えいれいこう》篇第九章「子曰く、志士仁人は生を求めて以て仁を害することなく、身を殺して以て仁を成すことあり」から引いたもの。

〈現代語訳〉

一、間部「要諫」についてだが、諫言が取り上げられないときは間部と刺し違えて死に、護衛の者がこれを防ごうとすれば切り払うつもりだったとは、絶対に言っていない。ところが、三奉行は強いてそれを記載し、私を罪におとしいれようとした。そうした無実の罪にどうして服することができようか。

そこで私は、十六日、供述書に署名する席上、石谷・池田の両奉行と大いに論争した。私は死を惜しんでいるのではない。両奉行の権力にたのんだ詐術に伏したくなかったのだ。

これより先、九月五日、十月五日両度の取り調べのさい、吟味役にそのことをつぶさに申し立てた。死を覚悟して要諫するつもりであり、かならずしも刺し違え、切り払うなどは考えていなかったのだと。吟味役はよくわかったと答えたにもかかわらず、供述書には「要撃」として書き込んでいる。これも権力による詐術というものではあるまいか。

だが、事はもうここまできた。刺し違え、切り払いのことを私があくまで否定したのでは、かえって激烈さを欠き、同志の諸友も惜しいと思われるであろう。自分もまた惜しいと思わないわけではない。

しかしながら、繰り返しこれを考えると、志士が仁のために死ぬにあたっては、このような取るに足らぬ言葉の得失など問題ではない。今日、私は権力の奸計によって殺されるのである。神々はあきらかに照覧されているのだから、死を惜しむところはないであろう。

〔第七章〕

一、吾れ此の回初め素より生を謀らず、又死を必せず。唯だ誠の通塞《つうそく》を以て天命の自然に委したるなり。七月九日に至りては略《ほ》ぼ一死を期す。故に其の詩に云ふ、「継盛(1)唯《ダ》当《ニ》レ甘《ンズ》ニ市戮《ニ》一。倉公寧《ゾ》復《タ》望《マンヤ》ニ生還《ヲ》一」と。其の後九月五日、十月五日、吟味の寛容なるに欺かれ、又必生を期す、亦頗る慶幸《けいこう》の心あり。此の心吾れ此の身を惜しむ為めに発するに非ず。抑ゝ故あり。去《きょ》臘大晦《ろうのおおみそか》(2)、朝議已に幕府に貸《ゆる》す。今春三月五日、吾が公の駕已に萩府を発す。吾が策是に於て尽き果てたれば、死を求むること極めて急なり。六月の末江戸に来るに及んで、夷人の情態を見聞し、七月九日獄に来り、天下の形勢を考察し、神国の事猶ほなすべきものあるを悟り、初めて生を幸とするの念勃々《ぼつぼつ》たり。吾れ若し死せずんば勃々たるもの決して汨没《こつぼつ》せざるなり。然れども十六日の口書、三奉行の権詐、吾れを死地に措かんとするを知りてより更に生を幸《ねが》ふの心なし。是れ亦平生学問の得力然るなり。

注

（1）継盛　明の楊継盛。世宗のとき大将軍仇鸞《きゅうらん》の罪を糾弾し、また厳嵩《がんこう》の十罪を弾劾して投獄され、殺された。倉公は漢の淳于意《じゅんうい》、太倉の令となり倉公と呼ばれる。罪を得て罰せられたが、その娘が身代わりを願い出たので、文帝がそれを憐んで死をのがれた。この詩は高杉晋作、飯田正伯らに与えた手紙に添えられたものの一部である。

（2）去臘大晦　安政五年（一八五八）十二月の末、朝廷は幕府の条約締結を許し、一時攘夷を猶予して公武合体ののちに攘夷を決行するようにとの勅書を幕府に与えた。松陰はこれを幕府の策謀と見ていた。

〈現代語訳〉

一、私はこのたびのことに臨んで、最初から生きるための策をめぐらさず、またかならず死ぬものとも思っていなかった。ただ私の誠が通じるか通じないか、それを天命にゆだねるつもりだったのである。

七月九日になって、ほぼ死を覚悟するにいたったので、次のような詩をつくった。

継盛《けいせい》唯《た》だ当《まさ》に市戮《しりく》を甘んずべし
倉公寧《そうこういず》くんぞ復《ま》た生還を望まんや

その後、九月五日、十月五日になって吟味が寛大に見えたことにあざむかれ、生きる期待を抱き、大いに喜んだ。これは私がこの身を惜しんだからではない。それには次のようなわけがあるのだ。

昨年の暮、大晦の朝廷の決定は幕府の措置を認めて攘夷を猶予し、公武合体の上で攘夷しようということだった。今春、三月五日、長州藩主もそれに従って萩を出発した。私がとなえてきたこともこれで万策尽きたので、死を求める気持が強くわきおこっていた。

しかるに、六月の末、江戸にきて外国人の状態を見聞し、七月九日に下獄してからも天下の形勢を考察するうちに、日本国の未来のためになお私がしなければならないことがあると思い、ここで初めて生きることを激しく願うようになったのだ。私がもし死ななかったら、この心にわき立つ気概はけっして沈みはしないだろう。

だが、十六日に見せられた供述書によって、三奉行が権力的詐術によって私を殺そうとしていることを知ってからは、生を願う気持はなくなった。これも私の平生の学問によって得た力によるものであろう。

〔第八章〕

一、今日死を決するの安心は四時《しじ》の順環に於て得る所あり。蓋し彼の禾稼《かか》を見るに、春種し、夏苗し、秋苅り、冬蔵す。秋冬に至れば人皆其の歳功の成るを悦び、酒を造り醴《れい》を為《つく》り、村野歓声あり。未だ曾て西成(1)に臨んで歳功の終るを哀しむものを聞かず。吾れ行年三十、一事成ることなくして死して禾稼《かか》の未だ秀でず実《みの》らざるに似たれば惜しむべきに似たり。然れども義卿の身を以て云へば、是れ亦秀実の時なり、何ぞ必ずしも哀しまん。何となれば人寿は定りなし、禾稼の必ず四時を経る如きに非ず。十歳にして死する者は十歳中自ら四時あり。二十は自ら二十の四時あり。三十は自ら三十の四時あり。五十、百は自ら五十、百の四時あり。十歳を以て短しとするは蟪蛄《けいこ》(2)をして霊椿《れいちん》(3)たらしめんと欲するなり。百歳を以て長しとするは霊椿をして蟪蛄たらしめんと欲するなり。斉しく命に達せずとす。義卿三十、四時已に備はる、亦秀で亦実る、其の秕《しいな》たると其の粟たると吾が知る所に非ず。若し同志の士其の微衷を憐み継紹《けいしょう》の人あらば、乃ち後来の種子未だ絶えず、自ら禾稼の有年《ゆうねん》に恥ざるなり。同志其れ是れを考思せよ。

注

(1) 西成　秋に植物が成熟することをいう。五行説で秋は西にあたるといい、『書経《しょきょう》』堯典《ぎょうてん》に「西成を平秩《へいちつ》せしむ」とある。

（2）蟪蛄　夏蟬のこと。『荘子』逍遥遊《しょうようゆう》篇に「蟪蛄は春秋を知らず」とある。蟬の命が短いことを言っている。

（3）霊椿　長生する霊木。（2）に関連して『荘子』逍遥遊篇に次の言葉がある。

「小知は大知に及ばず、少年は大年に及ばず。何を以てその然るを知るや。朝菌《ちょうきん》は晦朔を知らず、蟪蛄は春秋を知らず。これ小年なり。楚の南に冥霊《めいれい》なる者あり。五百歳を以て春となし、五百歳をば秋となす。上古に大椿《だいちん》なる者あり。八千歳を以て春となし、八千歳をば秋となす。しかも彭祖《ほうそ》は乃《すなわ》ち今、久しきを以てひとり聞こえ、衆人これに匹せんとするは、また悲しからずや」

〈現代語訳〉

一、今日、私が死を目前にして、平安な心境でいるのは、春夏秋冬の四季の循環ということを考えたからである。

つまり農事を見ると、春に種をまき、夏に苗を植え、秋に刈りとり、冬にそれを貯蔵する。秋・冬になると農民たちはその年の労働による収穫を喜び、酒をつくり、甘酒をつくって、村々に歓声が満ちあふれるのだ。この収穫期を迎えて、その年の労働が終わったのを悲しむ者がいるということを聞いたことがない。

私は三十歳で生を終わろうとしている。いまだ一つも成し遂げることがなく、このまま死ぬのは、これまでの働きによって育てた穀物が花を咲かせず、実をつけなかったことに似ているから惜しむべきかもしれない。だが、私自身について考えれば、やはり花咲き実りを迎えたときなのである。

なぜなら、人の寿命には定まりがない。農事が必ず四季をめぐっていとなまれるようなものではないのだ。しかしながら、人間にもそれにふさわしい春夏秋冬があるといえるだろう。十歳にして死ぬ者には、その十歳の中におのずから四季がある。二十歳にはおのずから二十歳の四季が、三十歳にはおのずから三十歳の四季が、五十、百歳にもおのずからの四季がある。

十歳をもって短いというのは、夏蟬を長生の霊木にしようと願うことだ。百歳をもって長いというのは、霊椿《れいちん》を蟬にしようとするようなことで、いずれも天寿に達することにはならない。

私は三十歳、四季はすでに備わっており、花を咲かせ、実をつけているはずである。それが単なるモミガラなのか、成熟した粟の実であるのかは私の知るところではない。もし同志の諸君の中に、私のささやかな真心《まごころ》を憐み、それを受け継いでやろうという人がいるなら、それはまかれた種子が絶えずに、穀物が年々実っていくのと同じで、収穫のあった年に恥じないことになろう。同志よ、このことをよく考えてほしい。

〔第九章〕

一、東口揚屋《あがりや》(1)に居る水戸の郷士堀江《ほりえ》克之助《よしのすけ》(2)、余未だ一面なしと雖も真に知己なり、真に益友なり。余に謂って曰く、「昔、矢部《やべ》駿州《すんしゅう》(3)は桑名侯へ御預けの日より絶食して敵讐《てきしゅう》を詛《のろ》ひて死し、果して敵讐を退けたり。今足下も自ら一死を期するからは祈念を籠めて内外の敵を払はれよ、一心を残し置きて給はれよ」と丁寧に告戒せり。吾れ誠に此の言に感服す。又鮎沢《あゆざわ》伊太《いだ》夫《ゆう》(4)は水藩の士にして堀江と同居す。余に告げて曰く、「今足下の御沙汰も未だ測られず、小子は海外に赴けば(5)、天下の事総べて天命に付せんのみ、但し天下の益となるべき事は同志に托し後輩に残し度きことなり」と。此の言大いに吾が志を得たり。吾れの祈念を籠むる所は同志の士し甲斐々々《かいがい》しく吾が志を継紹して尊攘の大功を建てよかしなり。吾れ死すとも堀・鮎二子の如きは海外に在りとも獄中に在りとも、吾が同志たらん者願はくは交を結べかし。又本所亀沢町に山口三輶《やまぐちさんゆう》と云ふ医者あり。義を好む人と見えて、堀・鮎二子の事など外間に在りて大いに周旋せり。尤も及ぶべからざるは、未だ一面もなき小林民部《こばやしみんぶ》(6)の事二子より申し遣はしたれば、小林の為めにも亦大いに周旋せり。此の人想ふに不凡ならん、且つ三子への通路は此の三輶老に托すべし。

注

(1) 東口揚屋　小伝馬上町の牢は八つの房に分かれていた。東口揚屋（堀江・鮎沢）、東奥揚屋（橋本・長谷川）、西奥揚屋（松陰・勝野）のほか西口揚屋、西の三間半、西の大牢、百姓牢、無宿牢などである。六三ページ注（4）参照。

(2) 堀江克之助　水戸藩の郷士。六三ページ注（1）参照。

(3) 矢部駿州　幕臣。矢部駿河守定謙のこと。火付盗賊改方などを経て江戸町奉行となり民政革新につとめたが政敵におとしいれられて職を奪われ配所で絶食死した。五十四歳。

（4）鮎沢伊太夫　水戸藩士。六四ページ注（7）参照。
（5）海外　このさいは遠島のこと。
（6）小林民部　鷹司家の諸大夫。六四ページ注（9）参照。

〈現代語訳〉

一、東口揚屋《あがりや》にいる水戸の郷士・堀江《ほりえ》克之《よしの》助《すけ》にはまだ一度も会ったことはないが、真の知己であり、真の益友だと思っている。彼は私に次のようなことを伝えてくれた。

「昔、矢部《やべ》駿州《すんしゅう》は桑名侯へお預けの身となったその日から絶食して、仇敵《きゅうてき》を呪いながら死に、果してその仇敵を退けることができた。今、あなたもみずから一死を期するからには、祈念をこめて内外の敵を払われよ。その心をこの世に残しておかれるように」

この丁寧な戒《いまし》めに、私は心から感服した。また鮎沢《あゆざわ》伊《い》太《だ》夫《ゆう》は、水戸藩士で堀江と同じ房につながれている。彼もまた私にこう伝えてきた。

「今、あなたにどのような判決が下るかは予測できない。自分は遠島と決まったので、島に送られたら、天下の事すべては天命にまかすほかはないと思っている。しかし、天下の益になることは、同志に託し、後輩の者に残しておきたい」

この言葉も大いにわが意を得たのである。私もそうありたいのだ。私が祈念をこめて願うのは、同志の人々が強い意欲をもって私の志を継ぎ、尊王攘夷の大功を立ててくれることである。

私が死んだあと、堀江・鮎沢両氏が島に流されていようと獄中にあろうと、わが同志たらん者は、彼らと交わりを結んでもらいたい。

本所亀沢町に山口三輶《やまぐちさんゆう》という医者がいる。義を好む人と見えて、堀江・鮎沢のことを獄外から支援している。さらに私がこの人に及ばないと思ったのは、両氏から頼まれて一面識もない小林民部についても尽力しているということだ。なかなか非凡な人物と思われる。堀江・鮎沢・小林三氏への連絡は、この三輶老に頼むとよい。

〔第十章〕

一、堀江常に神道を崇め、天皇を尊び、大道を天下に明白にし、異端邪説を排せんと欲す。謂へらく、天朝より教書を開板して天下に頒示するに如《し》かずと。余謂へらく、教書を開板するに一策なかるべからず。京師に於て大学校を興し、上　天朝の御学風を天下に示し、又天下の奇材異能を京師に貢し、然る後天下古今の正論確議を輯集して書となし、天朝御教習の余を天下に分つ時は、天下の人心自ら一定すべしと。因って平生子遠《しえん》と密議する所の尊攘堂《そんじょうどう》の議と合せ堀江に謀り、是れを子遠に任ずること(1)に決す。子遠若し能く同志と謀り、内外志を協《かな》へ、此の事をして少しく端緒あらしめば、吾れの志とする所も亦荒せずと云ふべし。去年勅諚《ちょくじょう》綸旨《りんし》等の事一《いっ》跌《てっ》すと雖も、尊皇攘夷苟《いやしく》も已むべきに非ざれば、又善術を設け前緒を継紹せずんばあるべからず。京師学校の論亦奇ならずや。

注

（1）是れを子遠に任ずる　処刑七日前に松陰は入江杉蔵に手紙を書き尊攘堂設立のことを委託している。入江は禁門の変で討死したので、明治になって品川弥二郎がその遺志を継いだ。所蔵品は現在、京都大学図書館の所管となっている。

〈現代語訳〉

一、堀江克之助は、常に神道をあがめ、天皇を尊び、大道を天下に明白にして、異端や邪説を排除したいと願っている。彼は、朝廷から教書を出版して、天下に配布するのがよいのではないかと言う。

私としては教書を出版するには一つの方法があると思う。すなわち京都に大学校を創立し、朝廷の学風を天下に示すほか天下のすぐれた才能、人材を京都に集め、彼らに天下古今の正論、確乎たる議論を編集させて本をつくり、朝廷で教習ののち天下に配布すれば人心はおのずから一定するであろう。

私がかねてから入江《いりえ》杉蔵《すぎぞう》と密議していたのは尊攘堂《そんじょうどう》創設のことであったが、それもあわせて堀江に相談し、この実行を杉蔵にまかすことに決めた。杉蔵がよく同志とはかり、内外に協力を訴えて実現の端緒をつかむことができれば、私が志したことも無駄にはならないと思う。

昨年、勅諚《ちょくじょう》や綸旨《りんし》を求めようとしたくわだては挫折してしまったが、尊王攘夷運動はけっしてやめるべきではないから、しかるべき方法を考え、前人の志を受け継いでいかなければならない。そのためにも京都に大学校を興すというのはすぐれた論策ではあるまいか。

〔第十一章〕

一、小林民部云ふ、京師の学習院(1)は定日ありて百姓町人に至るまで出席して講釈を聴聞することを許さる。講日には公卿方出座にて、講師菅家・清家(2)及び地下《じげ》の儒者相混ずるなり。然らば此の基に因りて更に斟酌を加へば幾等も妙策あるべし。又懐徳堂《かいとくどう》には、霊元《れいげん》上皇宸筆《しんぴつ》の勅額あり、此の基に因り更に一堂を興すも亦妙なりと小林云へり。小林は鷹司《たかつかさ》家の諸大夫にて、此の度遠島の罪科に処せらる。京師諸人中罪責極めて重し。其の人多材多芸、唯だ文学に深からず、処事の才ある人と見ゆ。西奥揚屋にて余と同居す、後《のち》東口に移る。京師にて吉田の鈴鹿石州・同筑州別して知己の由。亦山口三輶も小林の為めに大いに周旋したれば、鈴鹿か山口かの手を以て海外までも吾が同志の士通信をなすべし、京師の事に就いては後来必ず力を得る所あらん。

注

（1）学習院　天保十三年（一八四二）に設立された。元来は公家の子弟の教育機関だったが幕末には少壮公家や志士が集まり尊攘派の温床となった。

（2）菅家・清家　菅原家と清原家。平安時代からそれぞれ文学、歌学の家としてつづいた。

〈現代語訳〉

一、小林民部が言うには、京都の学習院では、決められた日に、農民・町人にいたるまで講義を聴くことを許されているらしい。その講義の日には公卿も出席し、講師には菅原《すがわら》家、清原《きよはら》家と地元の儒者もまじる。そういうことであればこれを基本として、さらに計画を練ればいくらでも妙策はあるだろう。また懐徳堂には、霊元《れいげん》上皇宸筆《しんぴつ》の勅額もあるので、これを基として一堂を興すのもよいではないかと小林は言っている。

小林民部は鷹司家の諸大夫で、このたび遠島の罪科に処せられている。京都関係で大獄に連座した人の中では、その罪がきわめて重いとされている。彼は多才多芸だが、文学にはあまり深くないようだ。事を的確に処理する才能のある人らしい。西奥揚屋で私と同室だったが、あとで東口に移った。

小林は京都で吉田神社の神官である鈴鹿石州・同筑州とはとくに親しいという。また山口三輪も小林のために大いに尽力している。鈴鹿か山口に頼んで、小林とも通信をすることを同志にすすめたい。京都のことに関しては、後年かならず力になってくれる人物である。

〔第十二章〕

一、讃の高松の藩士長谷川宗右衛門《はせがわそうえもん》(1)、年来主君を諫め、宗藩水家(2)と親睦の事に付きて苦心せし人なり、東奥揚屋にあり。其の子速水《はやみ》、余と西奥に同居す。此の父子の罪科如何未だ知るべからず。同志の諸友切に記念せよ。予初めて長谷川翁を一見せしとき、獄吏左右に林立す、法、隻語を交ふることを得ず。翁独語するものの如くして曰く、「寧ろ玉となりて砕くるとも、瓦となりて全かるなかれ」と。吾れ甚だ其の意に感ず。同志其れ之れを察せよ。

注

(1) 長谷川宗右衛門 高松藩士。六四ページ注(10)参照。

(2) 宗藩水家 徳川頼房《とくがわよりふさ》(家康の子で水戸藩主)の子頼重が高松藩主となったので、高松藩からいえば水戸藩は宗家ということになる。

〈現代語訳〉

一、讃岐の高松藩士・長谷川宗右衛門は、かねがね主君を諫め、主家筋にあたる水戸藩との親睦に苦心してきた人だ。今、彼は東奥揚屋におり、その子の速水は私と同じ西奥に入れられている。この父子がどのような罪で投獄されたのか、まだ知らない。実は、同志の諸君にぜひ心にとめておいてほしいことがあるのだ。

私が初めて長谷川翁と会ったとき、そこには獄吏が立ち並んでいて、言葉を交わすことができなかった。囚人同士の会話はひとことでも許されていないのである。そのとき翁は独りごとのように言った。

「玉となって砕けるとも、瓦となって命を長らえることがあってはならない」
私はこの言葉に深く胸を打たれた。同志諸君、そのときの私の気持を察してもらいたい。

〔第十三章〕

一、右数条、余徒らに書するに非ず。天下の事を成すは天下有志の士と志を通ずるに非ざれば得ず。而して右数人、余此の回新たに得る所の人なるを以て、是れを同志に告示するなり。又勝野《かつの》保三郎《やすさぶろう》(1)早や已に出牢す、就きて其の詳を問知すべし。勝野の父豊作《ほうさく》(2)今潜伏すと雖も有志の士と聞けり。他日事平ぐを待ちて物色すべし。今日の事、同志の諸士、戦敗の余、傷残の同士を問訊する如くすべし。一敗乃ち挫折する。豈に勇士の事ならんや。切に嘱す、切に嘱す。

注

（1） 勝野保三郎　尊攘志士。父豊作、兄森之助とともに活躍。兄弟で投獄され、父の所在を拷問されたが口を割らなかった。森之助は三宅島に流され、保三郎は安政六年十月十六日に出獄。父の豊作は同月、潜伏中に病死した。森之助は文久三年、三宅島から帰って病死。水戸藩は父子を追賞して、保三郎を士籍に列した。

（2） 豊作　江戸の人。勝野正道、通称豊作。安政五年、攘夷の内勅を水戸に下すように運動した。安政の大獄では難を避けて逃走したが、翌年病死した。五十一歳。

〈現代語訳〉

一、右の数条は、無駄に書きしるしたのではない。天下の大事を成功させるためには、天下の有志の士と互いに志を通じなければならない。そこで右の数人は私がこのたび新たに知り得た人物なので、これを同志に告げておくのである。

勝野《かつの》保三郎《やすさぶろう》はすでに出獄した。彼にくわしいことを尋ねるがよい。勝野の父豊作は今潜伏中だが、有志の士と聞いている。いずれ事件が落着するのを待って探し出すことだ。

今日のことに関しては、同志の諸士よ、戦《いくさ》に敗れたあと、傷ついた同志に会い、前後の経緯を尋ねて今後の参考にせよ。一度敗れたからといって挫折してしまうのは勇士とはいえないのではあるまいか。同志諸君、切に頼む。頼むぞ。

〔第十四章〕

一、越前の橋本左内《はしもとさない》(1)、二十六歳にして誅せらる、実に十月七日なり。左内東奥に坐する五六日のみ。勝保同居せり。後、勝保西奥に来り予と同居す。予、勝保の談を聞きて益〻左内と半面なきを嘆ず。左内幽囚邸居中、資治通鑑《しじつがん》(2)を読み、註を作り漢紀《かんき》(3)を終る。又獄中教学工作等の事を論ぜし由、勝保予が為めに是れを語る。獄の論大いに吾が意を得たり。予益〻左内を起して一議を発せんことを思ふ。嗟夫《ああ》。

注

(1)　橋本左内　福井藩士。三九ページ注(15)参照。

(2)　『資治通鑑』　六四ページ注(12)参照。

（3）『漢紀』　後漢《ごかん》、荀悦《じゅんえつ》撰。漢の高祖より王莽《おうもう》にいたるまでの二百四十三年間のことを述べた史書。三十巻。

〈現代語訳〉

一、越前の橋本左内は二十六歳で殺された。実に十月七日のことであった。左内は東奥の牢に入れられたが、わずか五、六日いただけで処刑されたのである。

勝野保三郎は、そのとき左内と同室だった。のちに私がいる西奥に移ってきた勝野から話を聞いて、ますます左内と一度も会う機会がなかったことを残念に思ったのだ。左内は自邸内に幽囚中、『資治通鑑《しじつがん》』を読み、註をつくり、また『漢紀《かんき》』三十巻を読破したという。

また獄中では教学や技術のことを左内が論じていたと勝野は私に話してくれた。獄中の論は大いにわが意を得た。私はそれを聞いてさらに左内をよみがえらせ議論をしてみたいと強く思ったのだが、もう左内はいない。ああ！

〔第十五章〕

一、清狂《せいきょう》(1)の護国論及び吟稿、口羽《くちば》(2)の詩稿、天下同志の士に寄示したし。故に余是れを水人鮎沢伊太夫に贈ることを許す。同志其れ吾れに代りて此の言を践《ふ》まば幸甚なり。

注

(1) 清狂　周防《すおう》の妙円寺月性《げっしょう》。六五ページ注(13)参照。海防僧として、また「男児立志詩」でも知られる。

(2) 口羽　口羽《くちば》徳祐《とくすけ》(輔)。萩《はぎ》藩士。六五ページ注(14)参照。

〈現代語訳〉

一、僧月性《げっしょう》の護国論および吟稿、口羽《くちば》徳祐《とくすけ》の詩稿、いずれも天下同志の人々に見せたいものと思う。それゆえ私はこれを水戸藩の鮎沢伊太夫に贈ることを約束した。同志のうちだれか私に代わって、この約束を果たしてくれる人がいるとありがたいのだが。

〔第十六章〕

一、同志諸友の内、小田村《おだむら》(1)・中谷《なかたに》(2)・久保・久坂《くさか》・子遠兄弟等の事、鮎沢・堀江・長谷川・小林・勝野等へ告知し置きぬ。村塾の事、須佐《すさ》、阿月《あづき》(3)等の事も告げ置けり。飯田《いいだ》・尾寺《おでら》・高杉《たかすぎ》及び利輔《りすけ》(4)の事も諸人に告げ置きしなり。是れ皆吾が苟《いやしく》も是れをなすに非ず。

かきつけ終りて後

心なることの種々《くさぐさ》かき置きぬ思ひ残せることなかりけり
呼びだしの声まつ外に今の世に待つべき事のなかりけるかな
討たれたる吾れをあはれと見ん人は君を崇めて夷払へよ
愚かなる吾れをも友とめづ人はわがとも友《ども》とめでよ人々
七たびも生きかへりつつ夷をぞ攘《はら》はんこころ吾れ忘れめや

十月二十六日黄昏《たそがれ》書す　二十一回猛士

注

（1）小田村　小田村伊之助（楫取素彦《かとりもとひこ》）は長州藩士。松陰の妹寿《ひさ》と結婚。

（2）中谷　長州藩士・中谷正亮。松陰の親友、のち師事。松下村塾の開講に協力し、久坂玄瑞・高杉晋作らの入塾を誘った。以下前掲注参照。

（3）須佐・阿月　須佐は長門、阿月は周防、両地域にも松陰の知友、同志が多かった。

（4）利輔（助）　俊輔《しゅんすけ》。松陰門下。身分は中間、のち藩士。初代内閣総理大臣伊藤博文《いとうひろぶみ》。飯田・尾寺・高杉は前掲三八ページの注参照。

〈現代語訳〉

一、同志諸友のうち小田村伊之助《おだむらいのすけ》、中谷正亮《なかたにしょうすけ》、久保清太郎《くぼせいたろう》、久坂玄瑞《くさかげんずい》、入江杉蔵・野村和作《のむらわさく》兄弟たちのことは、鮎沢、堀江、長谷川、小林、勝野らへ話しておいた。また松下村塾のこと、須佐《すさ》・阿月《あづき》などに私の同志が多いことも話し、飯田正伯《いいだしょうはく》、尾寺新之丞《おでらしんのじょう》、高杉晋作《たかすぎしんさく》および伊藤利輔《いとうりすけ》のことも、これらの人たちに話しておいたのだが、私としては軽い気持で諸君のことを告知したのではない。

　　書きつけが終ったあとで

心なることの種々《くさぐさ》かき置きぬ思ひ残せることなかりけり

呼びだしの声まつ外《ほか》に今の世に待つべき事のなかりけるかな

討れたる吾れをあはれ《(哀)》と見ん人は君を崇《あが》めて夷《えびす》払へよ
愚かなる吾れをも友とめづ《(愛)》人はわがとも友《ども》とめでよ人々
七たびも生きかへりつつ夷《えびす》をぞ攘《はら》はんこころ吾れ忘れめや

二十一回猛士

十月二十六日たそがれ書す

〈付〉　史伝・吉田松陰

丘の上の貧乏武士

萩藩士《はぎはんし》杉百合之助《すぎゆりのすけ》が、松本村護国山のふもとの団子巌《だんごいわ》とよばれる小高い丘の上にある古い家を買い求めたのは、文政《ぶんせい》八年（一八二五）であった。二十一歳で家督を継いだ翌年である。

その団子巌からは、遥かに毛利《もうり》三十六万九千石の城下の家並みと群青《ぐんじょう》の日本海を望むことができた。風光明媚《ふうこうめいび》とはいえ、聚落を遠く離れた場所で、藩士としてはまことに不本意な定着地というほかはない。

萩の城下町は、中国山地に発する阿武川《あぶがわ》が、海にそそぐ直前分岐《ぶんき》した橋本川と松本川に挟まれている。海側の端に築かれた指月城《しづきじょう》に接する堀内《ほりうち》には高級家臣の屋敷が、整然とした区画で東へのび、そこから阿武川に張り出すデルタの突端あたりは川島とよばれる。下級武士の住居はこの一帯にひしめいた。

杉氏は代々この川島で暮らした二十六石、無給通《むきゅうどおり》の下士《かし》である。無給通というのは、六十石以下で給地を持たない藩士の称だが、杉家は三代目の文左衛門《ぶんざえもん》のとき官金を借用したため、二十六石からさらに三石減となっている。

文化《ぶんか》十年（一八一三）三月十六日、川島の樋口《ひぐち》から出火、四百余戸を焼く大火があった。杉家では四代七兵衛《しちべえ》が当主で、家財道具など一切を失い、焼け出された一家は、松本川を渡り、城下の北東にあたる郊外の松本村に移って、転々と借家ずまいの十数年をすごした。不便ではあったが団子巌に落ち着いたのは、百合之助が五代を継いでからである。

百合之助は、二十三歳で妻をめとった。藩の重臣毛利志摩《もうりしま》の陪臣村田右中《むらたうちゅう》の三女滝《たき》である。陪臣の娘だったので、滝は藩士児玉太兵衛《こだまたへえ》の養女ということにして杉家にとついできた。

文政十一年正月に長男の梅太郎《うめたろう》、つづいて文政十三年（一八三〇、天保元）八月四日に大次郎《だいじろう》が生まれ、二年して千代《ちよ》、さらに六年後寿《ひさ》、それから艶《つや》、文《ふみ》、敏三郎《としさぶろう》と、三男四女をもうけた。二男大次郎が、のちの吉田松陰《よしだしょういん》である。

大次郎が生まれたとき、団子巌の杉家には祖母五十一、二歳、父百合之助二十七歳、母滝二十四歳、兄梅太郎三歳、その他、叔父吉田大助《よしだだいすけ》二十四歳、同玉木文之進《たまきぶんのしん》二十一歳は両人とも他家の養子になりながらなお同居中である。

　三畳の玄関に六畳二間、三畳二間、せまい台所、厩《うまや》と納屋《なや》を合わせた別棟があるだけといった家での雑居生活だが、その上、天保《てんぽう》三年（一八三二）ごろ、舅《しゅうと》と一児をかかえて夫に先立たれ半身不随となった従祖母《おおおば》（七兵衛の妻の妹）岸田氏一家がここに引き取られてきた。

「人となり篤実にして故旧に厚し」といわれた七兵衛の人柄をうけついで、百合之助もまた愚直なまでの人情家だった。そんな百合之助の嫁となった滝は、夫につかえ、わが子の養育、体の不自由な姑の妹の世話から、吉田大助、玉木文之進らの日常まで、あり余る家事のほかに、農作業では女手で馬を使うほどの労働にたずさわらなくてはならなかった。杉家の苦難を分担するために嫁してきたようなものだが、滝は夫百合之助の誠実な協力者として、ひたすら苦しさに耐えた。

　後年、松陰は獄中から妹千代に与えた手紙で「昔山宅にて父様母様の昼夜御苦労なされた事」や「父母様の御苦労を知って居るもの兄弟にてもそもじまでじゃ」といったことを述べ、杉家の貧困時代を幼い者たちにも銘記させるように諭している。

窮乏のなかに、杉一族のほとんど農民とかわらない生活があった。その様子の一端は、杉百合之助自身による日記が正直にえがき出している。彼が盗賊改方の役に就く前年、つまり天保十三年（一八四二）三月の記録である。

三月朔日　晴天〇肥固屋《こえごや》内ヶ輪（内側）壁塗皆済〇麦荒附《あらつけ》〇苗代荒起《あらおこ》し〇厩揚《うまや》げ、はかかへ〇麦畑草取〇夜中糠《ぬか》取に行。

二日　晴天〇麦精《しら》げ〇牛蒡《ごぼう》畠三番打返し〇麦草取〇厩揚げ〇小水かへ〇風呂焚。

十一日　朝雨降、間もなく皆晴〇下の固屋大掃除〇木引《こびき》来る〇玉文・杉梅・吉大三人連れ小麦津尾寄《つおよせ》〇七つ上り此《ごろ》より出る。平安古《ひやこ》迄。……

このような記載が一年つづいている。文中、「玉文」とあるのが玉木文之進、「杉梅」が松陰の兄杉梅太郎、「吉大」は吉田大次郎、この時期、松陰はすでに吉田家の養子となり、山鹿流《やまがりゅう》兵学師範の家職を継いでいた。しかも藩校明倫館《めいりんかん》に兵学教授見習として出講しているはずだが、そのあいまには、依然として農作業の手伝いをやっていたことがわかる。

兵学師範吉田家

杉家に同居していた吉田大助は、百合之助のすぐの弟で、藩の兵学師範吉田家の養子となったが、そのまま兄の家に起居し、百合之助の二男大次郎（松陰）を仮養子に決めていた。

天保三年（一八三二）の冬、大助は久保氏の養女、実は、近郊黒川村の庄屋森田家の娘くまと結婚して、団子巌のふもとの新道《しんみち》に新居を構えたが、三年後の四月、二十九歳の若さで病死した。大次郎は六歳で吉田家の八代当主となったのである。養母くまは黒川村の実家に帰ったので、彼はひきつづき百合之助夫婦に育てられた。

吉田家の系図をみると、織田信長《おだのぶなが》につかえていたという松野平介《まつのへいすけ》を祖としている。平介の子の玄蕃《げんば》は吉田氏をとなえ、大坂の陣では豊臣方について城中に討死した。あとを継いだ者は浪人となり、二代後の友之允のとき、山鹿素行《やまがそこう》の後嗣藤介高《とうすけたか》基《もと》に山鹿流兵学を伝授されて毛利氏につかえた。この友之允を吉田家の初代としている。松陰は八代目にあたる。

吉田家は五十七石六斗を給せられ、杉家より家格も高く、いくらかは裕福のはずだが、松陰が生まれた文政十三年には藩の財政が窮迫して、藩士には「半知馳走」つまり半額の支給である。大助が死んだとき、その遺言の一部として残された「勘忍状」によれば、吉田家の実収は七人扶持《ぶち》（一人扶持は四石五斗）で、その中から一人半扶持と銀百目を妻に、一人半扶持を虎之助（松陰の幼名）にやり、残りはすべて吉田家の借金返済にあててくれとある。そして、虎之助が藩校明倫館の兵学場に出仕するようになれば役料ももらえるので、それを足して十七、八歳ごろまで親元の杉家で世話をし、それでも不足する場合は何分の補助を頼む。新道の屋敷は貸家にすればいくらかの収入になろうといった勘忍状の内容は、当時の下級武士の苦しい生活をよくあらわしている。

もともと毛利氏は、関ケ原の役後、中国八ヵ国支配の座を追われ、百十二万石から三十六万九千石に削封されていらい藩初から財政困難につきまとわれた。それが宝暦《ほうれき》年間（一七五〇年代）になるとさらに窮迫し、萩の本藩で赤字銀四万貫を越え、天保九年（一八三八）ごろには倍以上にふくれあがった。藩年間収入の二十数倍にのぼる額である。

幕府をはじめ全国の大名経済も衰弱の一途をたどっていたが、長州藩の貧しさはとくにひどく、藩士の半知馳走は日常化し、さらには三物成《ものなり》（三分の一支給）といったこともめずらしくなかった。ほとんどの武士が禄を担保に藩や商人から借銭をしており、貧しさをかこっていた。農村に対する収奪も当然のように苛酷となり、加えて文政十三年夏いらいの風雨による洪水で、田畠の損害は領内で十三万二千石に達した。この年十二月には「堕胎間引禁制」を諭告するほどの暗い社会現象をみせている。

松陰が生まれた翌年の天保二年（一八三一）七月には、瀬戸内海側の周防《すおう》三田尻《みたじり》に火の手をあげた農民一揆が、強風にあおられた野火のように長州全土を荒れ狂い、十三万人の農民が蜂起する大規模な暴動に発展した。長州藩にとっては、やがて維新の原動力としてはたらく民衆の巨大なエネルギーの発揮を予告した天保の大一揆である。

二百六十年間つづいた徳川幕府体制に、根底からゆさぶりをかける騒然とした天保年間の幕あきであった。吉田大次郎は、そのような封建制の崩壊を予感させる不穏な状況下にある長州藩の貧困にあえぐ下級武士の子として生まれた。初名虎之助《とらのすけ》、吉田家を継いでから養父大助の一字をとって大次郎《だいじろう》、その後寅次郎《とらじろう》を名乗り、義卿《ぎけい》、松陰、あるいは二十一回猛士《にじゅういっかいもうし》を号した。その名が移るように、松陰をとりまく環境も急変をつづけ、彼の生き方もさまざまな変転をかさねていくのである。

萩城での親試

長州藩は萩《はぎ》を宗藩として、長府《ちょうふ》（五万石）・清末《きよすえ》（一万石）・徳山《とくやま》（四万石）・岩国吉川家《いわくにきつかわけ》（六万石）の四支藩をおいている。財政的には、所帯が大きいだけに宗藩の萩藩がもっとも苦しく、一揆などもほとんどが宰判《さいばん》（宗藩直轄領）で発生しているのもそれを物語るものだ。

天保八年、第十三代藩主となった毛利慶親《もうりよしちか》（敬親《たかちか》）は、同十一年にはじめて国入りし、赤字八万貫という藩財政の建て直しに着手した。村田清風《むらたせいふう》を中心とする天保の改革である。単に財政難克服だけでなく、富国強兵をめざす根本的な藩政改革であり、この改革が成功したことにより、長州は西南雄藩の主導的位置を占め、やがて、反幕の拠点となるまでの力をたくわえ得たのである。

このときほど秀れた人材が要求されたことはなかった。藩校明倫館の存在意義が問われたのも当然である。その明倫館は、享保《きようほう》四年（一七一九）に設立された全国有数の規模を誇る藩学だった。広大な敷地の中に、経学・歴史・制度・兵学・博学・文学の六科をおき、藩士の子弟を入学させた。

天保十一年当時、十一歳の吉田大次郎は兵学教授見習として、明倫館で山鹿流兵学の講義を受け持っていたが、藩主慶親は、この少年がどのような話をするのだろうと興味を抱いた。大次郎がこのとき藩主の前で講じたのは、山鹿素行の『武教全書』戦法篇のうち三戦の節である。

「兵法に曰く、先づ勝ちて後に戦ふと。是は孫子軍形の篇に出てをれり。言ふ心は、敵に勝つ軍《いくさ》は如何様にして勝つかなれば、戦はぬ先きにまず勝ちてをりて、其の後に戦ふなり。それ故、百たび戦ひて百たび勝つなり。しかるを軍の仕様がおろかなれば、勝つべき道理をもわきまへず、負くべきわけをもしらず、何の了簡もなしに先づ戦ふなり。これは戦を以て勝たんとするにてよろしからず、多くは敗るるものなり……」

少年のよどみない講義に、藩主はすっかり気をのまれてしまった。もっとも講義の草稿は後見人のだれかが書き与え、その読みを繰り返し教えこんだものであろう。現存する『武教全書講章』のうち、松陰が自筆で「右天保十一年庚子月日初上覧於二御対面之間一講釈」と追記した「三戦ノ事」の本文は他人の筆である。片仮名まじりのこの草稿は約二千字、棒読みにしておよそ十分間足らずのものだが、十一歳の子供による異例の進講は、たちまち城中はもとより城下の話題をさらった。大次郎少年の人なみ秀れた稟質《ひんしつ》は、だれの目にも明らかだったろうが、萩城でしばしばおこなわれたこの君前講義についても注目しなければならない。

藩主毛利慶親は、陰で「そうせい侯」と呼ばれたという。家臣が何をたずねても「そうせい」と答えたからだといい、無定見な人柄を嗤《わら》うむきがある。ひいては暗愚な封建領主とする見方もあるようだが、かならずしもそれはあたらない。萩藩の天保の改革が慶親襲封と同時に着手された一事をもってしても凡庸な殿様でなかったことがうかがえよう。

慶親は明倫館での教育の成果に多大の期待を寄せ、若い藩士たちを招いて進講させるのを常とした。この君前講義を、萩藩では「親試《しんし》」と呼んだ。藩主みずから試《ため》すという意味である。それは藩主一人の興味ではない。親試には、藩を挙げての関心が集まり、向学の気風を助長させる独特の行事となった。

大次郎に対する親試は、十一歳のときを最初として十三歳、十五歳、十七歳、十九歳、二十歳と六回に及んでいる。十五歳の親試では、『武教全書』を講じ終わったところで、「孫子虚実篇を講じてみよ」と、突然藩主にいわれた。予定になかったことである。大次郎はただちに一礼して、

「孫子曰く、凡《およ》そ先づ戦地に処《お》りて敵を待つ者は佚《いっ》す。先づ戦地を占拠するは、兵家の要訣。故に曰く、深く入れば則ち専らにして、主人克たずと。……」

と講じ始めた。慶親はおどろき、かつ感心して大次郎に賞を与えた。

後年、松陰は藩則を破って士籍を削られ、さらに国禁を犯して幽囚の身となるが、藩主は一貫して彼に温かい目をそそいでやっている。家老益田《ますだ》親施《ちかのぶ》はじめ重臣の一部が、何となく松陰を保護するかのような姿勢をみせたのも、藩主の意向を反映してのことと思われ、それはまず松陰門下の活動とも関わりあっているといってよいだろう。

『外夷小記』

少年の吉田大次郎が、その周辺に師とも協力者ともいえる多くの人材にめぐまれていたのは、父杉百合之助や養父吉田大助の温厚な人柄の余徳によるものだといわなければなるまい。玉木文之進のほか、彼に強い影響をもたらした人物の一人に、山田《やまだ》宇《う》右《え》衛門《もん》がいる。

宇右衛門は、吉田大助の高弟である。時勢を洞察し、兵学的知識を実際に活かす識見の高さを評価され、むしろ政治家としてぬきんでた人とされる。慶応《けいおう》三年（一八六七）には民政方改正掛となり、桂小五郎《かつらこごろう》らとともに活躍したが、惜しくも同年五十五歳で病死した。

宇右衛門は大次郎の代理教授、後見人などをつとめたが、山鹿流だけでなく、他流を学んで視野を広げること、また海外知識の必要なことを大次郎に説いた。江戸で入手した『坤輿図識《こんよずしき》』を彼に贈り、それに収められた世界地図を指し示しながら、欧米列強の存在を教えた。そして、大次郎に長沼流兵学《ながぬまりゅうへいがく》を修めた山田亦介《やまだまたすけ》を紹介したのも宇右衛門である。

それは同じ大助の門下で大次郎をもっとも身近に教えた玉木文之進の徹底した保守性に対する宇右衛門の配慮であり、また長沼流に関心を抱いていた吉田大助の遺志を継がせることでもあったろう。山田亦介は、長沼流兵学だけでなく、西洋陣法・海防兵制にも通じていたからである。

大次郎が亦介の門に入ったのは十六歳のときで、翌年その免許を受け、家伝の長沼流兵要録を贈られた。大次郎が学友とともに叔父文之進の塾にとまりこんだり、大助の高弟林真人《はやしまひと》の家に寄寓したりして、とくに盛んな読書欲をみせたのもそのころである。

当時、大次郎がしきりに望んだのは海外の情報である。宇右衛門や亦介によってうながされた海外事情にむける彼の視線は、なお、薄明をまさぐるようなものだ。それは大次郎が長州藩領を一歩も外に出た経験を持たず、海外の情勢を伝える資料が藩内にほとんどなかったことにもよる。宇右衛門からもらった『坤輿図識』と亦介から借りた青地林宗《あおちりんそう》訳の世界地理書『輿地誌略《よちしりやく》』の両書が、大次郎の外国研究の手はじめであった。

それと前後する時期に、大次郎は苦心して外船渡来の風聞書をどこからか借り受け、その写しをつくった。『外夷小記《がいいしょうき》』と題するこの小冊子の表紙には「秘而蔵」と朱書している。『外夷小記』の内容は、清国の商船が伝えたアヘン戦争の経緯一通、弘化《こうか》二年（一八四五）浦賀に漂民をつれてきたアメリカ捕鯨船マンハッタン号の記事一通、弘化三年、英仏二国船の琉球渡来を薩摩藩から長崎奉行に届け出たもの二通、フランス提督ロッシュの長崎港外来航の模様を、当時長崎に留学していた長州藩の蘭方医青木研蔵《あおきけんぞう》から藩政府に報告してきたもの一通となっている。

これらの中で大次郎に強い衝撃を与えた情報といえば、やはり、アヘン戦争の一件だったと思われる。一八四〇年（天保十一年）に起こったアヘン戦争後、半植民地化されていく清国の様子は、ようやく日本にも伝えられてきたが、一般の人々がその詳報に接する機会はほとんどない。外圧にさらされようとする幕末日本に強い危機感と教訓をもたらしたアヘン戦争の概要を、大次郎がそのようにして初めてつかんだのは、弘化三年（一八四六）、十七歳の夏ごろであった。

この当時、内外の動きをかなり正確に伝える情報媒体といえば書籍がその役割を大きく果たしたが、萩にいたのではまったくといってよいほど手に触れることができなかった。そうした希望を充たしてくれる手近な場所として、九州平戸《ひらど》があると大次郎が知ったのは、おそらく嘉永《かえい》二年（一八四九）五月ごろとみられる。

彼にそれを教えたのは、林真人である。大次郎の師であり後見人でもある真人は、友人伊藤静斎《いとうせいさい》から聞いた話として、平戸の葉山佐内《はやまさない》について語った。佐内は平戸藩の家老で、江戸遊学中、幕府の儒官佐藤一斎《さとういっさい》に師事した。〝陽朱陰王〟といわれた一斎から、佐内は陽明学の影響を受け、多くの書籍も蔵しているらしい。

大次郎が葉山佐内にあてた手紙を書き、従学の希望を述べたのは、嘉永二年五月十五日で、同時に伊藤静斎にもそのことを書き知らせた。真人の友人静斎が佐内と親しいと聞いたからである。この伊藤静斎という人物は、下関の豪商伊藤木工之助《いとうもくのすけ》のことで、大年寄をつとめていた。なかなかの知識人としても知られており、交友も広かった。

佐内や静斎からの返事を待ちわびているころの六月、大次郎は北浦海岸の海防を視察する一行に加わるようにとの藩命を受けた。当時、彼は外寇御手当御内用掛に任じられていた。北浦海岸とは、萩から下関にいたる日本海側の沿岸で、藩ではこの一帯の海防を「北浦手当」と呼んだ。仮想敵国はロシアである。日本海を渡って攻めてくるのではないかとの想定で、北浦海岸の要所に台場や見張所をおいていた。兵学者として、この海岸線を点検せよというのであった。そのときのことは彼が書いた『廻浦《かいほ》紀略《きりやく》』に詳しく記録されている。

踏査を終わって、下関に着いた大次郎は、本陣の伊藤家に入り、ここで静斎と初対面の挨拶を交わした。すでに書簡を渡していることではあり、平戸一件をめぐる二人の話ははずんだことであろう。

平戸には山鹿流の宗家を継いだ山鹿万介《やまがまんすけ》がおり、家老格として平戸藩に仕えていたので、大次郎も一度は是非その地を訪ねたいところである。いずれにしても伊藤静斎に会ったことが、大次郎に九州遊学を決意させる最大のきっかけとなった。

北浦踏査から帰って間もなくの九月、大次郎は九州遊学の願書を藩に提出した。すぐに許可が下りるものと待っていたが、そのまま年を越して嘉永三年を迎えた。大次郎二十一歳である。明倫館兵学教授として独立したのは十九歳のときだが、その後ほぼ二年間は外寇御手当御内用掛としての実務や兵学場での講義に励む日々がつづく。

その間、明倫館改革策や国防論ともいうべき『水陸戦略』などの上書を提出したりして積極的な活動ぶりを示している。しかし、藩内にあって、そうした日常を送ることにようやく飽き足らないものを感じはじめ、未知の領域に踏みこもうとする鬱勃《うつぼつ》たる志向が彼を駆りたてるのである。それは何よりもまず旅へ出ることであった。

旅が始まる日

嘉永三年（一八五〇）の親試は二度あった。初めが五月二十七日、二度目が八月二十日だった。『武教全書』守城篇、籠城の大将心　定《こころさだめ》の条を講じて藩主を感動させたのは、八月の親試である。大次郎がこのとき心定に「御」をつけて、「御心定《おんこころさだめ》」と言ったのは、単に素行の遺著を祖述するだけでなく、藩主がもし四方に敵をうけて籠城するには、城を枕に討死する覚悟が大事であることを、現実の問題として痛切に説くためである。

山鹿流兵学のいわば古めかしい訓話も、吉田大次郎矩方《のりかた》の口を濾過《ろか》すれば、それがたちまちアヘン戦争にも及び現下の時務的課題に援用されていく。もはや単なる兵学講義ではなくなっているのだ。

「儒士の道学を説くは、套語《とうご》層々《そうそう》、人をして睡《ねむり》を催さしむ。矩方の兵を講ずるを聴くに、席の前むを覚えざらしむ」と、藩主慶親は述懐した。

八月の親試があった二日前には大次郎に九州遊学の許可が出ていた。六月に再度の願書を出したのが聞き届けられたのである。八月二十三日には過所《かしょ》手形の下附願を出している。旅行中の身分証明書である。それからさらに「御暇中、御城御番差除かれ候」という許可書をもらうなど、旅に出る手続きは煩雑そのものだった。翌年、大次郎は別の旅行で、この手続きに足をすくわれ、結果的には人生の大きな転機を迎えるのである。

やっと念願の旅に出ることになった。八月の親試を終わって五日後の二十五日、大次郎は萩城下を出発、九州をめざした。詩を書きとめ、文章をつづり、人に会い、貪婪《どんらん》なまでに見聞をひろげようとする多感な旅程が、この憂国の兵学者における青春そのものであり、生涯をいろどる悲壮な軌跡の一部をなしたといえるだろう。

嘉永三年八月二十五日、それは彼に海外渡航を熱望させ、そのため獄舎につながれることになったペリー来航の三年前で、また江戸小伝馬上町の牢で処刑されるまでの九年間にむけて歩み出した吉田大次郎の初旅が始まる日であった。

九州遊歴

萩城下を出発した大次郎は、翌八月二十六日、下関の伊藤家に投宿、夕刻海峡を渡るはずだったが、発熱のため二日滞在した。腺病質であったらしく、下関での発熱をはじめ、平戸や柳川でも発熱・腹痛などで床に臥し、十ヵ月遊学の予定を四ヵ月に縮めて帰省するほどだった。発熱は感冒のためといわれる。

二十九日、下関から渡船で豊前門司《ぶぜんもじ》の大里《だいり》に渡り、小倉の城下を経て九月二日に佐賀に着いた。翌日出発して五日に長崎着。十一日まで長州屋敷に滞在した。その間に舟を雇い入港中のオランダ船なども見学した。

新介という従者をつれてきていたが、長崎から帰らせたので、これからは単身平戸へむかい、十四日に着いた。さっそく葉山佐内をおとずれ、彼の紹介で紙屋という宿に入るとその夜から『辺備摘案』（葉山佐内著）の書写にとりかかった。また王陽明の『伝習録』も借り出した。陽明学からの強い影響を受けていることはいえるだろうが、それをもって松陰自身を陽明学徒とみなすわけにはいかないというのは、「吾専ら陽明学のみを修むるに非ず。但《た》だ其の学の真、往々にして吾が真と合ふのみ」(『己未文稿』語〓子遠〓)と後年述べているからである。

平戸には五十日間滞在した。その間、山鹿万介に会い、講義も受けたが、万介自身が老体で病床にある日も多く、接する機会はあまりなかった。やはり葉山家に行って読書することにかなりの日程を割いているが、佐内にしても役務多忙で、快くその蔵書を開放する程度のつきあいである。大次郎にとってはそれで充分だったようだ。

平戸で本を借りた人としては佐内のほかに砲術家豊島権平《としまごんぺい》の名も挙げている。権平からは後で述べるような『近時海国必読書』などを借り、宿で夜おそくまで読み耽った。むさぼるような読書の毎日だった。佐内や権平に借覧させてもらった貴重な書籍によって得た知識こそが、彼の新しい出発をうながす重大な契機ともなったのである。

ここで大次郎の記憶に深い痕跡を残した平戸における主な書籍を列記して、以後の彼の行動にそれがどう結びついていったかを考察する一つの資料としよう。

『近時海国必読書』――編者不明。写本として伝えられた稀覯本《きこうぼん》で、文化か文政から天保年間にいたる日本の蘭学者による翻訳書や西洋の地理、歴史、国情などの紹介書、有識者の対外論などをまとめたものである。そのほとんどが大次郎にとって初見の書籍であり、彼の海外知識に決定的な作用を及ぼしたことは想像にかたくない。

巻一の『西洋人日本紀事』（高橋景保《たかはしかげやす》訳）は、ドイツの医学者・博物学者ケンペル（一六五一～一七一六、オランダ東インド会社の医師として長崎出島に元禄《げんろく》三年渡来、二年間日本に滞在した）の『日本誌』の一部分である。ポルトガル、スペインの渡来とキリスト教布教の始末を略述している。

巻二の『和蘭紀略《わらんきりやく》』（渋川六蔵《しぶかわろくぞう》訳）は、オランダの歴史である。その中でもナポレオンが同国を侵略したという記述に、大次郎はひどく憤慨し「余僕那把児《ボナパルト》的の暴を憎む。故に抄録す」と書き入れている。

巻三の『北陲杞憂《ほくすいきゆう》』（犬塚印南《いぬづかいんなん》著）は、寛政《かんせい》以後、文化年間にいたるロシアの日本北地侵寇を述べ、『西侮紀事』（同）は、文化五年（一八〇八）イギリス軍艦フェートン号が、不法に長崎港に侵入、オランダ商館員を捕え、薪水・食糧などを得て退去した事件の顚末を書いたものである。これによって長崎奉行松平康英《まつだいらやすひで》は責任をとって自裁した。この事件いらいイギリス船の来航が相次ぎ、ついに幕府は文政八年（一八二五）異国船打払令を出すにいたった。

巻四の『諳厄利亜《アングリア》人性情志』（長崎の通詞吉雄《よしお》忠次郎《ちゅうじろう》訳）は、イギリスの歴史と国民性を記したもので、大次郎は「其の俗悍凶果決《かんきょうかけつ》、豪強恣放《ごうきょうしほう》、色を好み酒に酗《くる》ひ、政令羈《き》すべからず、権貴御《ぎょ》すべからず、而して学術に務めて、仏教を遠ざけ、工巧緻《こうち》にして術精研《せいけん》なること、及び仏人と相悪む情を見るに足る。唯だ其の俗を称して朴実と曰ひ、其の政を寛容と曰ふに至つては、未だ其の説を得ざるなり」と追記している。

巻五の『丙戌異聞《へいじゅついぶん》』（高橋景保訳）はナポレオンの欧州制覇を述べたもの。

巻六の『泰西録話』（古賀《こが》侗庵《どうあん》著）は、西洋諸国の情勢と各国政情の消長を、また『西洋諸夷略表』は、明応《めいおう》八年（一四九九）から弘化元年（一八四四）までの諸外国船渡来の年表である。

巻七『慎機論《しんきろん》』は、中国広東にあったアメリカのオリファント会社所属モリソン号が天保八年（一八三七）、日本の漂流民七名を伴い対日通商を目的として浦賀沖、鹿児島湾口に来航し撃退された事件を渡辺崋山《わたなべかざん》が批判したものである。これがいわゆる蛮社の獄の発端となった。幕政批判の禁書であった。また巻七には蝦夷《えぞ》・長崎におけるロシア・イギリス両国の不法行為を述べた『極論時事封事』（古賀精里《こがせいり》著）も収められている。

大次郎は以上の七巻を豊島権平から借りて宿へ帰った翌日から腹痛をおこして九日間寝込んでしまったが、病床で全巻を読破し、抄録もおこたらなかった。この叢書には続篇七冊があるが、それも後に読み終わったことを記録している。

読書録を見ると、読了すれば「卒業」などと書く。たしかに彼にとっての読書とは、単に本を読むということではなかった。全力を傾注する学業そのものであったのだろう。

『阿芙蓉彙聞《あふようい ぶん》』――塩谷宕陰《しおのやとういん》（一八〇九～六七。江戸末期の儒者。水野忠邦《みずのただくに》に仕え、幕府の儒官となった）が、アヘン戦争関係の清国人の論文などを集め八冊に編集したもので、当時ではアヘン戦争の真相をこれ以上詳しく紹介した資料はないとされた。イギリスの東洋進出に対する幕府の危機感はこの書によって深まったのである。大次郎がもっとも読みたかったものの一つであろう。シンガポール、マラッカなど〝洋夷〟の根拠地を解説し、またアヘン戦争の経緯やイギリスの植民地政策を詳述したまさに警世の書である。

『聖武記附録』――清国の兵学者・魏源《ぎげん》の著で、アヘン戦争の終わった道光《どうこう》二十二年（一八四二、天保十三年）に書かれたものだから、ヨーロッパ製の新兵器と戦った最初の経験をつづっており価値の高い実戦記録である。そこには彼我兵力の差が指摘され、西洋兵学に対する大次郎の関心はこれによって高まったにちがいなく、古典的な兵学の是正をもうながされたであろう。

したがって、抄録にも熱がこもった。その中の一節「夫《そ》レ外夷ヲ制馭《せいぎょ》スル者ハ、必ズ先ヅ夷情ヲ洞《うかが》フ」という部分に、大次郎が「佳語」と注記しているのが印象的である。後年、海外渡航計画や彼が主張してやまなかった「航海遠略策」もあきらかにこれを起点としているようである。広東・喜望峰・濠州に館を設け、将士をおいて世界情勢をさぐる一方、通商の利をおさめてのち各国と対等の条約を結ぶべきだとする『対策』（安政五年）の発想もまた『聖武記附録』と無関係ではない。その抄録に「蕃船は中国の書籍を購求し夷字に転訳す、故に能く中華の情勢を尽し識る」とあり、あるいは「彼の長技を以て彼の長技を禦《ふせ》ぐ。此れ古より以夷攻夷の上策なり」といったことも書き写している。

つまり吉田松陰の攘夷論は、アヘン戦争など列強による東洋植民地化政策への警戒にもとづくものではあったが、単純な排外思想ではなかったのである。欧米の情勢を把握し、その先進文明を積極的に吸収しようとする開明的な方向に視線を据えていたのだといってよい。そうした平戸における読書の収穫は、後に佐久間象山《さくましょうざん》との接触により、新たな開眼と展開をとげるのである。

あふれるほどの新知識を得て、大次郎は十一月六日、平戸を発《た》ち帰国の途についたが、ふたたび長崎に立ち寄り、二十日ばかり滞在して他藩人とも交流し、ここでも多くの本を読んだ。二十三冊のうちには、大塩平八郎《おおしおへいはちろう》の『洗心洞箚記《せんしんどうさつき》』もある。

陽明学者である大塩のこの著作については、平戸滞在中に葉山佐内から聞かされていたので、読後の感想を佐内に書き送っている。それに「塩賊空虚の説を窺ふを得たり」とし、大塩平八郎のことを賊と呼んで憚らなかったのは、この時点で大次郎の幕府観がなお批判の域に達していなかったことを示している。

彼の反幕思想がかたまるのは、後述する僧黙霖《もくりん》との論争を経て、ペリー来航後における幕府の対外姿勢に対する不満を覚えてからのことである。叛乱の首謀者として幕府に処断された大塩平八郎は、この時の大次郎の目には賊以外のなにものでもなかったのだろう。しかし、「塩賊」などと呼びながらも、それにつづけて次のようにも書いた。

「渠《か》れ固《もと》より卓識の士なり。吾人其の書を読み、勝心客気を挟まずして躬行心得《きゅうこうしんとく》を期せば、初めより発明するところなしとせず」

『洗心洞劄記』は、大塩平八郎の代表的論著で、上下巻三百十九条と附録抄の三巻からなる随筆体の儒書。天保四年（一八三三）と六年の二度にわたって刊行された。〝太虚《たいきょ》〟の説を中心に、致良知《ちりょうち》・理気合一論《りきごういつろん》など陽明学の系譜に立って、彼独特の主観主義的な宇宙論や禁欲主義的な倫理観を展開している。それこそ大次郎にある影響を与えずにはおかなかっただろう。

このようにして九州遊歴を記録する『西遊日記』は、まるで読書録の観を呈した。大次郎にとってこの旅行中の読書は、以後十年間の生き方を決定づけるほどの意義を持ったが、九州の旅はもう一ヵ月ばかりつづく。

十二月一日、長崎を出発し、島原を経て、熊本へ出た。ここで山鹿流兵学者宮部《みやべ》鼎蔵《ていぞう》と知りあいになった。宮部は文政《ぶんせい》三年（一八二〇）生まれだから、大次郎より十歳の年上であり、書簡などでみると、「宮部先生」と呼んでいる。同流派の兵学者同士というだけでなく、互いに共鳴して交遊を深め、のちに東北旅行も共にしている。松陰刑死後五年で、宮部は池田屋の変に果てた。激動の時代に前後して非業の死をとげた二人の志士の運命的な邂逅《かいこう》であった。

熊本から柳川《やながわ》に出た。ここでまた感冒にかかって数日滞留し、佐賀にまわった。佐賀では草場《くさば》佩川《はいせん》らと兵事・学術を論じ、詩文を贈答して、くつろいだ時をすごしたのち、ようやく帰国の道を急いだ。萩城下に帰り着いたのは、その年も押しせまった十二月二十九日の夜である。

翌嘉永四年（一八五一）のおだやかな正月を、大次郎はそのころ奥阿武郡御代官庁御用に任じられ萩土原梨木《ひじわらなしのき》に居宅を構えていた叔父玉木文之進のもとで迎え、旅の疲れをいやした。数え年の二十二歳であった。

一月三日には土佐の漂民万次郎《まんじろう》を乗せたアメリカ船が琉球《りゅうきゅう》に来航した。静かではあるが、欧米列強の触手は相変わらずじわじわと日本国にしのび寄ろうとしていた。しかし、彼の生涯を大きく屈折させることになるペリー来航までには、なお二年六ヵ月という時間がおかれている。

正月、旅装を解いたばかりの大次郎は、すでに次の行動計画を練っていた。新しい知識を求める彼の熱い視線は、こんどは東へむけられている。平戸滞在中に読んだ書籍のほとんどが、江戸から運ばれたものだと聞かされたとき、大次郎は今さらのように、幕政の中心地に思いを馳せた。

江戸遊学

嘉永四年（一八五一）三月、国許での一年を過ごした藩主毛利慶親は、参覲交代の旅に出るにあたり、二十人の遊学生を行列に加えるように命じた。大次郎はそれに選ばれた。思いがけず江戸遊学の夢が叶えられたのである。

江戸桜田の長州藩上屋敷に着いたのは、四月九日だった。当初、江戸における大次郎の忙しさは大変なものであったらしく、自分のための勉学だけでなく、藩邸での武教全書講義会では教える立場にある。藩主への進講もつとめなければならぬというわけで、出席すべき会合が月のうち三十を越す有様である。故郷への手紙に「何分会を減し候はでは、さばけ申さず候」と悲鳴をあげる始末だった。

このころ藩邸での大次郎の生活は質素そのもので、日常の副食は金山寺《きんざんじ》味噌《みそ》と梅干だけですませるという倹約ぶりである。幼少時代の貧困を経験した彼にとっては、それほどの苦痛でないにしてもひどく痩せ細り、藩邸では大次郎のことを〝仙人〟と綽名《あだな》して呼んだ。

六月には山鹿素水《やまがそすい》に入門した。大次郎としてはやはり兵学の研修も欠かせないものと考え、その門をたたいたが、期待したほどのことはなかったようだ。平戸や長崎を遊歴したときの刺激がはるかに強いのは、それがはじめての体験だったということある。しかも、江戸で会った著名な学者たちの識見は、彼が予想したほどのものではなかった。
「方今江都、文学・兵学の事三等に分れ居り候やに相見え候。一は林家・佐藤一斎等は至つて兵事をいふ事をいみ、殊に西洋辺の事ども申し候へば老仏の害よりも甚しとやら申さるる由。二は安積艮斎《あさかごんさい》・山鹿素水等西洋事には強ひて取るべき事はなし。只だ防禦の論は之れなくてはと鍛錬す。三は古賀謹一郎《こがきんいちろう》・佐久間修理《さくましゅり》（真田信濃守《しなののかみ》様藩人。田上宇平太《たがみうへいた》が紹介にて逢ひ申し候。尤も古賀・佐久間知音にては之れなし）西洋の事発明精覈《せいかく》取るべき事多しとて頻りに研究す。矩方按ずるに一の説は勿論取るに足らず、二三の説を湊合《そうごう》して習練仕り候はば、少々面目を開く事之れあるべきかと存じ奉り候」（嘉永四年五月二十七日、玉木文之進あての手紙）
親しい人々にあてた手紙には、江戸で会った大家といわれる人物への率直な感想がつづられており、かならずしも心酔できない大次郎の様子がにじみ出ている。やはり彼がもっとも注目し、接近していったのは佐久間象山であった。玉木文之進にあてた手紙では、まだいくらか象山への距離をにおわせているが、これは保守的で洋学を嫌う文之進に遠慮しての書きぶりと思われる。平戸での西洋開眼は、あくまでも書籍によるものである。当代一流の洋学者佐久間象山に直接教えを乞う機会を得た大次郎の感動は大きかった。異国船で海外にまで足をむけることを大次郎に決心させたのも象山である。

江戸における大次郎の生活を充実させたのは、ここで再会し、また新しく知りあった人々との交遊である。再会といえば、熊本で名乗りあった宮部鼎蔵がいる。宮部は大次郎より一ヵ月後れて江戸に入った。彼も山鹿流兵学者だったので、山鹿素水の塾で大次郎と顔を合わせることになった。

また江戸で交わった大次郎の新しい友人に鳥山新三郎《とりやましんざぶろう》と江帾五郎《えばたごろう》という者がいる。この二人を大次郎に紹介したのは、同じ年江戸遊学に出た萩藩士の土屋矢之助《つちややのすけ》(蕭海《しゅうかい》)であった。

鳥山は儒学を東条一堂《とうじょういちどう》に学び、また小林流兵学にも通じていたので、桶町に蒼龍軒《そうりゅうけん》と称する居を構え、塾をいとなんでいた。そこは江戸に学ぶ諸藩の青年たちの交遊の場ともなっていたのである。

江帾五郎は南部藩士で、大和の森田《もりた》節斎《せっさい》に文学を学び、芸州の坂井《さかい》虎山《こざん》の塾にもいたことがある。そこで土屋と知りあった。江帾の兄は藩の内紛にまきこまれ奸計にはまって獄中で自殺した。彼は兄の仇を討つべく江戸に出て、安芸五郎《あきごろう》の変名で鳥山の家にひそみ、機をうかがっているという身の上である。

吉田大次郎、鳥山、土屋、江帾のほか、来原良蔵《くりはらりょうぞう》、井上壮太郎《いのうえそうたろう》ら長州藩士、宮部鼎蔵、肝付七之丞《きもつきしちのじょう》（薩摩藩士）といった人々が蒼龍軒に集まるようになる。彼らはしばしばここで顔を合わせ、酒を飲み、志を述べ、時務を痛論した。蒼龍軒は同志の集会所であり、あたかも梁山泊《りょうざんぱく》の観を呈した。

東北亡命

大次郎の東北旅行は、蒼龍軒を集会所とする交遊の結果としてあらわれたものである。江戸の外に出て、もっと広く日本を見ようと言い出したのは大次郎であったか宮部であったか、とにかく二人で出かけようという相談がまとまった。

蒼龍軒の仲間の一人である薩摩人の肝付はすでに東北を歩いてきており、彼の報告によると、日本海を北上した異国船が頻繁に津軽海峡を通航しているというのであった。そして、日本漁船が掠奪にあっているといった風聞も流れている。

東北旅行を決意した大次郎が、期間を十ヵ月とする旅行願を藩に提出したのは嘉永四年七月十六日だった。二十三日に旅行許可が出たので、大次郎は故郷にいる兄梅太郎に費用の調達をたのんだ。自力の旅行だから旅費一切は当然自弁である。梅太郎や母親の滝は九州旅行のときのような発病を心配しながらも、細々とした注意を添えて費用を整えてやった。

大次郎と宮部が東北へ行くと知って、江帾もぜひ途中まで同行したいと申し出たので両人とも快諾した。江帾は仇とねらう相手が、翌年春江戸から盛岡に帰ることを知り、その途中の白河あたりで待ち伏せするつもりだという。そこで出発を十二月十五日にした。さらに集合場所を高輪泉岳寺《たかなわせんがくじ》としたのは、赤穂浪士《あこうろうし》にあやかろうとする江帾の希望によるものである。

十二月に入って、大次郎は過所手形を下付されたいと藩邸の役人に願い出た。旅行許可はおりているので、そうしたものはいつでももらえると思っていたのが大次郎の誤算だった。そのころ藩主が国表に帰っていたので、過所手形の交付は江戸と萩のあいだを往復するだけの日数が必要である。大次郎は困惑した。肉親の仇を討とうとする江幡の悲壮な覚悟を思うとき、大次郎はその旅立ちに不吉な蹉跌《さてつ》を与えたくないのだ。そこでついに亡命を覚悟するのである。

約束した十二月十五日の前日、大次郎は稽古のための外出として藩邸を出たまま東北旅行の途についた。友人の来原良蔵ら四人だけが事情を知っており、大次郎の立場を藩の重臣に説明して、追手がさしむけられないように取りはからってやったが、亡命の罪は重い。士籍剝奪、家禄の没収となるのが普通である。

大次郎らは水戸を経て雪の陸奥《むつ》路《じ》をたどり、一月二十五日に白河《しらかわ》の宿に着いた。ここで江幡と別れた二人は、会津若松、新発田《しばた》、新潟、佐渡などを一巡して二月末弘前《ひろさき》に出る。さらに小泊《こどまり》、今別《いまべつ》、平館《たいらだて》、青森、小湊《こみなと》と津軽海峡にのぞむ各地を踏んだ。

大次郎が書き遺した『東北遊日記』は、すぐれた紀行文でもある。研ぎ澄まされた彼の目に映ずる北日本各地の風景は、そのままが詩となり、また簡潔で抒情的な文章となって書きつけられた。

「行くこと三里、汲上《くみあげ》村に至りて海浜に出で、砂上を行くこと五里」

寒風吹きすさぶ海辺をつたって、黙々と歩きつづける二人の足跡が、長く砂の上に尾を曳く光景がしのばれる。雪になやまされ、悪路を行く旅でもあった。

「大雪道を梗《ふさ》ぎ未だ行きし踪《あと》あらず、漫《みだ》りに行くべからず。人の行くを待つこと久しうして而も遂に一人の過ぐる者なし」

難渋する行路の中で、次々と詩が生まれた。『東北遊日記』に書きとめられた漢詩は長短あわせて約五十篇を数える。次に挙げるのは新潟の宿で賦した作品である。

排雪来窮北陸陬　　雪を排し来り窮《きわ》む北陸の陬《はて》
日暮乃向海楼投　　日暮れて乃ち海楼に向つて投ず
寒風栗烈欲裂膚　　寒風栗烈《りつれつ》膚を裂かんと欲す
枉是向人誇壮遊　　枉是《ことさら》に人に向つて壮遊を誇る

悲夫男子蓬桑志
家郷更為慈親憂
慈親憂子無不至
応算今夜在何州
枕頭眠驚燈欲滅
濤声如雷夜悠々

悲しいかな男子蓬桑《ほうそう》の志
家郷更に慈親の憂となるを
慈親子を憂ふる至らざるなく
まさに算《かぞ》ふべし今夜何れの州《くに》に在るかと
枕頭眠り驚き燈滅せんと欲し
濤声《とうせい》雷の如く夜悠々たり

果てもなく旅情を追い求めた多くの詩人たちがいる。彼らの詩魂が日常性の否定の中にみがかれたように、幕末の志士たちも好んで旅に出かけ、激情を自励した。志士たちにとっては、好むというよりも切迫した必要にせまられた行動としての旅であっただろう。交通手段の発達していないこの当時、体力ひとつに頼る旅程は長く困難だった。ある目的をにらみつづけながら、一点から他の一点に移動する途中、彼らは例外なく詩人であり得た。たしかに旅にあるときの志士たちは、みずからの悲壮な美意識と大自然を照応させる吟遊詩人であった。

憂国の詩人吉田松陰における生涯の重要部分は、旅にあけくれている。きびしく自己を律する彼にとって、日本を駆けめぐる長い旅程こそが、変転する青春のすべてだった。そしてついには国禁を犯し海外へ出ようとする壮大な夢の挫折が、彼の死期を早める原因ともなるのである。

後年、松陰は多くの門下生を旅に送り出したが、未来への的確な予見に資する情報を得るための「飛耳長目《ひじちょうもく》」ということも教え、ただならぬ情勢の観察を怠らないように助言するいっぽうでは、酒も飲むべし、詩も賦《ふ》すべしとすすめることを忘れなかった。旅の本質をだれよりもよく知っていたからであろう。

松陰は、九州への初旅に出てから、刑死するまでの約十年間に、亡命後の帰国および囚人として江戸―萩間を往復護送されたのを除いて、八度の旅を経験している。それは長崎から青森まで、日本列島をほぼ二周するほどの距離である。

さて、東北旅行を終えた大次郎たちが江戸に帰着したのは、四月五日だった。鳥山新三郎の蒼龍軒に旅装を解いた大次郎は、そのまま浪人となって勉学に励むつもりでいた。しかし、宮部は彼の亡命に責任を感じてもいたので、何とか運動して帰藩できないものかと、大次郎の友人である山県半蔵《やまがたはんぞう》らに相談をもちかけた。

いったん大次郎が藩邸に入り、罪の裁断を受けて、すっきりしたかたちで再出発したらよいではないかということで、友人たちの意見は一致した。この話を藩邸の上役に持ちこむと、なるべく軽い処分で済ませ、大次郎がそのまま江戸にとどまれるように取り計らってもよいという回答だった。うまく大次郎の身柄を捕えようとする罠《わな》だったのである。

期待もむなしく、大次郎は「国許追い下し」の命を受け、萩へ護送されることになる。実家に謹慎して沙汰を待てというのである。士籍剝奪はやはりのがれられそうになかった。

一人の藩士が亡命の罪を得て禄を失うというのは、平穏だった藩内に波紋を投げかける事件であり、しかもその本人は藩主に兵学を進講するほどの立場にある人物だ。重臣をはじめ多くの人々が、どうしても理解できないのは、友人との約束を守るために、あえて藩の規則を犯し、自己の身分をなげうつというその奇矯な行為であった。彼らはそのことを「本末顚倒」だと考えるのである。

しかし、大次郎の主意的世界では、それはけっして矛盾しないのである。以後の彼の行動のすべてが、常人の理解を超えたところで展開されたといってよい。だが、第三者の目には、奇矯であり、狂的にさえ見えた。

この亡命には、志を遂げるために藩の束縛をのがれたいとする願望、後半の志士たちの脱藩にみられるような政治的意図がかくされていたとは考えられない。大次郎自身が、後日「匹夫《ひっぷ》の諒、唐突の挙」だったと述懐しているにしても、結果的にはこのとき封建家臣としての制約から解き放たれることが、彼の実践活動に大きく寄与したとはいえるのである。

黒船来航

大次郎亡命の罪に対する藩の裁断書が出たのは、その年十二月九日だった。「上を憚らず却つて他国人への信義を立て候心底、本末顚倒の儀、其の筋相立たず、重畳不届至極、謂《い》はれざる事に候」ときびしい言葉が並ぶ。「之れに依り重き仰付けられ方も之れある儀に候へども、前非を悔い立ち帰り、且つ宮部鼎蔵より内々断りの趣も之れあり、御不審の筋之れなく候に付き、格別の御了簡を以て御家人召放《めしはな》たれ候事」

特別の取り計いにより、士籍剝奪だけですませてやろうというのである。しかし、大次郎ほどの人材を、掟《おきて》に従ってそのように処分したことで、藩主慶親も心を痛め、杉百合之助に内諭して、十ヵ年間の諸国遊学を願い出るようにうながした。そして、彼は杉百合之助の「育《はぐくみ》」ということになっている。百合之助に身を預ける意味だが、長州藩独特の「育」制度は、いろいろな場合に利用された。身分の低い家に生まれた者を、高級家臣の「育」とし、その門閥につらねて立身を遂げさせることもあった。

大次郎が、藩士杉百合之助の「育」である限り、藩を追放された実質をともなわない。いずれは復権の機会があるかもしれない。藩主が十ヵ年の諸国遊学を出願させたのも、そのふくみと受け取れた。

嘉永六年（一八五三）一月十三日、正式にその願書を出し、十六日に許可がおりた。そして同じ月の二十六日には早くも旅に出るのである。

亡命から帰藩したとき大次郎の名を「松次郎」と改め、さらにこの待罪のとき「寅次郎」と改名、また「松陰」の号もこのころから使いはじめている。以下松陰と呼ぶことにする。

松陰吉田寅次郎が、長州浪人となって、江戸へむかう二度目の旅に出たのは、ペリー来航のおよそ五ヵ月前のことであった。この年、松陰は二十四歳である。

江戸入りした松陰は蒼龍軒に落ち着いた。師事している佐久間象山のもとに通い、また長州藩邸にも出入りして、江戸遊学の静かな生活が始まるかにみえた。

松陰にとって、というより日本人にとって運命的な日がおとずれたのは、嘉永六年六月三日のことである。

ペリーの艦隊が、相模湾に姿をあらわした日、松陰は午前中、佐久間象山の塾にいたが、そこを辞してそのまま蒼龍軒に帰ったので、騒ぎのことをまるで知らなかった。松陰と入れ違いに、象山のもとに黒船来航の報が入ったのである。

翌四日、何気なく藩邸に行き、そこで藩士道家龍助《みちいえたつすけ》からそのことを知らされた。ただちに浦賀《うらが》へむかう。

「余、乃《すなわ》ち書を投じて起ち、袂を振つて出で、将に浦賀に趨《おもむ》かんとす。時已《すで》に初夜。鉄砲洲に至り舟を僦《やと》ふ。(略)巳時《みどき》に始めて品川に達するを得たり。遂に上陸して疾歩す」と、慌てて現地に駆けつけたことを日記に書いている。

浦賀に着いたのは、翌日の午後十時ごろだった。すぐに飛脚便で江戸藩邸にいる大検使の瀬能《せの》吉次郎《きちじろう》にあてた手紙を送った。途中船の中で書いたものらしい短いもので、変報を萩に知らせるよう促している。

「浦賀へ異船来りたる由に付き、私只今より夜船にて参り申し候。海陸共に路留《みちどめ》にも相成るべくやの風聞にて、心甚だ急ぎ飛ぶが如し、飛ぶが如し。……」

黒船来航は、日本史を近代にむかって屈折させるまさに画期的な事件だった。浦賀の現地へ、吉田松陰という一人の若者が駆けつける光景もまた記憶されるべき歴史のひとこまといえるだろう。それは、松陰が幕末の疾風怒濤《しっぷうどとう》の中に、飛ぶが如く走りはじめた瞬間でもあった。

『将及私言』

ペリーの来航当時、藩主慶親は、たまたま江戸出府中だった。幕命により長州藩はただちに五百人の武装兵を大森海岸の警備につかせた。その手際のよさを認めた幕府は、間もなく相州警備の大役を長州藩に命じてきた。藩では大砲の鋳造など軍備の充実に力を入れはじめる。これが幕末の中央政局に長州藩が乗り出していく契機となるのである。

藩主は黒船来航という事態にどう対処すべきか、意見のある者は上書を許すという命令を藩士に示した。そこで松陰はさっそく筆をとって『将及私言《しょうきゅうしげん》』と題する上書をつくり藩に提出した。しかし、上書を許されたのは藩士だけで、浪人としての松陰にはその資格がないため匿名とした。

この文書は直目付の八木甚兵衛《やぎじんべえ》から、手許役中井次郎右衛門《なかいじろうえもん》に渡され、藩主の目を通した上で、行相府《ぎょうそうふ》（藩主側近の政務座）にまわされた。匿名ではあったが、松陰の手になる献策であることはやがて知れわたったので、多くの重臣たちから僭越ではないかとの反発がわきおこり、藩邸への出入りを禁止されるという思わぬ結果となった。無許可の上書は、死にも値する罪だというのだが、むろんそのことは松陰も承知してのことだった。

「此の節大いに宦官《かんがん》の悪《にく》む所となり、邸内に入る事も断られ申し候。併し先日上書の節は勿論死ぬ覚悟なりしに死にも得せず、国の為にも得せず、恥づべく醜《にく》むべし。矩方此の頃の所作笑はざるものは必ず憎む。或は又其の愚を憐むもあり、浮世は様々」（八月末日、兄梅太郎への手紙）

この上書『将及私言』に松陰はどのようなことを書いたか。翌年彼が海外渡航を決意するにいたる動機を理解するためにも、その内容をあらためてみよう。

ペリーは開港を求めるアメリカ大統領の親書をたずさえている。当初、幕府はその受理を拒んだ。ペリーは江戸湾にも侵入して空砲を打ち鳴らし威嚇しながら親書の受け取りを迫るのである。幕府はついに屈して、ひとまず受理した。ペリーは来年その返事を聞きにやってくると言い残して国外へ去った。

『将及私言』は、ペリーの要求に対する幕府の外交姿勢をまず批判している。

「謹んで按ずるに、外夷の患由来する所久し。固《もと》より今日に始まるに非ざるなり。然れども今般亜美理駕《アメリカ》夷の事、実に目前の急、乃ち万世の患なり。六月三日、夷船《いせん》浦賀港に来りしより、日夜疾走し彼の地に至り其の状態を察するに、軽蔑侮慢、実に見聞に堪へざる事どもなり。然るに戦争に及ばざるは、幕府の令、夷《えびす》の軽蔑侮慢に甘んじ、専ら事穏便を主とせられし故なり。然らずんば今已に戦争に及ぶこと久しからん。（略）夷等来春には答書を取りに来らんに、願ふ所一も許允《きよいん》なき時は、彼れ豈に徒然として帰らんや。然れば来春には必定一戦に及ぶべし。……」

松陰は翌年ペリー再来のとき、かならず戦争になるものと考えていた。幕府に開港の意思がない限り、ペリーは戦いを挑んでくるだろうし、それに応戦するものとみたのである。そのための具体的な急務とは何かを、大義・聴政・納諌・砲銃・船艦・馬法・至誠と項目を分けて論考している。

その「大義」の項に、注目すべき松陰の発言をみることができる。

「近時一種の憎むべきの俗論あり。云はく、江戸は幕府の地なれば御旗本及び御譜代・御家門の諸藩こそ力を尽さるべし。国主の列藩は各〻其の本国を重んずべきことなれば、必ずしも力を江戸に尽さずして可なりと。嗚呼《ああ》、此の輩唯に幕府を敬重することを知らざるのみならず、実に天下の大義に暗きものと云ふべし。夫れ本国の重んずべきは固《もと》よりなり。然れども天下は天朝の天下にして、乃ち天下の天下なり、幕府の私有に非ず。故に天下の内何れにても外夷の侮《あなど》りを受けば、幕府は固より当《まさ》に天下の諸侯を率ゐて天下の恥辱を清《そそ》ぐべく、以て天朝の宸襟《しんきん》を慰め奉るべし。……」

松陰は幕府というものを、この時点ではまだ「敬重」すべき権威として認めてはいるのだが、同時に幕府に対置される天朝の存在を示し、日本国は幕府の私領にあらずして「天下は天下の天下なり」と明言した。それは長い封建制下で定着してしまっている土地支配の観念を根底からくつがえす新しい国体観を提示するものであった。これを推し進めると、「敬重」すべき幕府も、在り方によってはその存在が否定されかねない理論である。たしかに松陰は、やがて幕府否定に達するのだ。

次に『将及私言』で松陰は、長州の藩主が取り組まなければならぬ施政改善の方法として、独善を避け衆議を集めること、高級家臣による側近政治をあらため、身分を問わぬ人材登用をおこない、また下からの意見を吸収することも非常に対処する方法であると説く。

また外国に対抗する兵力充実の方策として、進んだ外国の武器、洋式兵制の採用を主張し、危機に備えるため軍艦の建造、オランダからの軍艦購入などの必要を強調した。それは一藩の力でなし得ることではないから、仙台・会津・薩摩などの大藩と協力して実現しなければならないとした。

来春に予想される外寇に対する長州藩の大計は次の三つがあると述べている。まず藩主が他藩にさきがけて外夷を掃蕩《そうとう》する戦いの先頭に立つのは上計、諸侯が外夷と戦って敗れたあとの収拾を担当するのは中計、そのいずれともならず敗北して帰国し義兵を起こすのを下計とする。しかもこの時、松陰が幕府の衰亡を予見していたことは、その年八月八日付で兄梅太郎に出した手紙でうかがわれる。

「明春の事江戸の光景如何之れあるべくと御想像在らせられ候や。そもそも天下の一大事、今日に立至り憂憤仕り候のみに御座候。孰《いず》れ明春一戦に就いても幕にも大砲などは追々出来候由なれども、士気の未だ振はざる事甚しきものなり。且つ盗賊横行の噂之れあり、一戦に及び候はば一たまりもたまり申さざる様考へられ候。（略）明春江戸総崩れは当然の事にて言を待たず候間、そがなかに本藩の一軍を独立して独往独来の処置をなさんこと、威を取り覇を定むるも亦此の一挙に在り。……」

浦賀で黒船を目前にしているとき、海防に関する進言を幕府が採用しなかったことを憤慨する佐久間象山の言葉を聞きながら、松陰は内心幕府というものに強い失望を覚えたにちがいないのである。そこでペリーの艦隊と戦って敗れ、権威を失墜してしまうであろう幕府にかわり、難局に対処できる力を長州藩に期待したのだった。

ところが、幕府はペリーとも戦わなかったし、攘夷、反幕の声が沸騰すると、幕府の安泰だけを保とうとする姑息な弾圧政策に出た。後で述べるように、僧黙霖《もくりん》との論争を経て、松陰の対幕姿勢は、急速に激越した方向に傾いていくのである。

下田踏海事件

嘉永七年（一八五四、安政元）一月十四日、ペリーは予告どおりふたたび相模湾上に、七隻の黒船をうかべ、修交をせまってきた。

ここで一戦を交えることになろうという松陰の予想に反して、幕府は数回にわたる交渉ののち、ペリーの恫喝《どうかつ》に怯《おび》えながら三月三日には和親条約を締結調印してしまった。松陰が失望したのはいうまでもない。

幕府が勅許なしに開国の条約を結んだことで、反幕的な攘夷論はさらに高まった。「破約攘夷」を唱える者も少なくない。条約を破棄して外国を打てというのである。松陰はしかしそれを言わない。幕府が結んだにせよ、いったん締結した条約を破棄することは、国と国との信義を裏切ることになると彼は考えるのだ。

想像していたペリー艦隊との一戦がないとわかり、松陰は、その次に来る対外姿勢の新しい在り方に目を転じた。こうなれば進んで外国に接近することも意義なしとしないと思うのは、以前平戸で読んだ『聖武記附録』にある「夫レ外夷ヲ制馭《せいぎょ》スル者ハ、必ズ先ヅ夷情ヲ洞《うかが》フ」という「佳語」の記憶にもとづいている。つまり、もはや江戸にとどまっていても仕方がないと考えた時、松陰の行動は、俄然海外渡航という目的にむかって駆りたてられるのである。

実は前年九月、松陰は佐久間象山にいくらかはけしかけられるかたちで、長崎港に入ったロシア艦での密航をくわだてるのだが、これは不発に終わっている。和親条約の締結を知ると、その挫折した計画がふたたびよみがえってき、それは激しい意欲として燃えあがった。

三月二十七日、松陰は金子重之助《かねこじゆうのすけ》とともに下田沖の米艦に投じ、密出国をはかるが失敗する。この前後の事情を、松陰は『幽囚録』で次のように述べている。

癸丑《きちゆう》六月、夷船の来りしとき、余江戸に遊寓す。警を聞き馳せて浦賀に至り、親しく陸梁《りくりよう》の状を察し憤激に堪へず。謂《い》へらく、大いに懲創《ちようそう》を加ふるに非ずんば、則ち以て国威を震耀《しんよう》するに足らずと。

江戸に帰るに及んで、同志と反復論弁す。是より先き、余、過《あやまち》ありて籍を削らる。而して官別に恩旨あり。深く自ら感奮して謂へらく、恩に報ずるの日至れりと。頗《すこぶ》る分を越ゆるの言を作《な》し、先づ、将及私言九篇を著はしひそかに之れを上《たてまつ》り、尋《つ》いで急務条議を上る。又夷人向《さき》に不法の事多かりしを悪《にく》みて接夷私議を作る。

是の時、幕府夷書を下して言路を開く。余、同志と議し、いやしくも二三の名侯心を協《かな》へ力を勠《あわ》せ、正議を発し俗説を排するものあらば、則ち天下の論定まるとし、屢ゝ《しばしば》之れを政府に言《もう》す。

政府、時勢を深察し、謂へらく、天下の大、一藩の能《よ》く救ふ所に非ずと。吾が党の論を以て狂疎事《こと》に通ぜずと為す。（略）

九月十八日、江戸を去り、西のかた長崎に到りしも、事意の如くなるを得ず。十二月の季《すえ》に及び、復《ま》た江戸に帰る。明年、夷船の下田に在るや、余、藩人渋木生（金子）とひそかに夷船に駕して海外に航せんことを謀《はか》り、事覚《あら》はれて捕へらる。（略）

余の西に遊ぶや、象山亦其の意を察し、詩を作りて之れを送る。余、捕に就き、官其の行装を収む。装中に其の詩あり。因って併せて象山をも捕へて獄に下し、余と生と亦江戸に送られて獄に下る。

三人並びに吏に対して鞫《きく》せらる。九月十八日、官、三人の罪を裁して曰く、「意《こころ》、国の為めにすと曰ふと雖も実に重禁を犯す。罪恕《ゆる》すべからず」と。因って皆国に遣りて禁錮せしむ。嗚呼、余去年来謀りし所、上は国に忠ならず、下は身に名なし、辱しめられて囚奴となり、人皆之れを笑ふ。士として下才を以て斯《こ》の世に生る、悲しいかな。……

〝下田踏海〟の失敗を、松陰は嘆いている。しかし、松陰が無事海外に渡り、数年後に新しい知識を身につけて帰るよりも、踏海に挫折した彼が、萩に押しこめられ、松下村塾に英才を育てたことのほうが、よほど歴史を動かす力にはなり得たということである。教師としての松陰に与えられる使命は、討幕の戦列に奔走する戦士の養成であり、革命の遺志を彼らに付託することであった。

獄中の二十一回猛士

江戸小伝馬上町の獄から萩へ護送された松陰と金子重之助は、安政元年（一八五四）十月二十四日、萩城下に着いた。その日のうちに、松陰は上牢の野山獄《のやまごく》へ、重之助は下牢の岩倉獄《いわくらごく》に入った。重之助はすでに重病の身であり、入獄して二ヵ月足らずの翌安政二年一月十一日に死んだ。二十五歳。

松陰の獄中生活は、一年二ヵ月後の十二月十五日までつづく。野山獄での松陰は、『獄舎問答』に記録されているように、囚人たちを相手に外交問題、国防、民政などを中心に対話を進め、さらに「孟子」の講義へと発展した。また『獄中俳諧』と称する句会を催し、獄内の空気は松陰の入獄によって一変した。あたかも学校の観を呈したといわれるほどである。宿命的に教師であった松陰の生き方は、時と場所を問わず不思議な力をもって展開され、そこにいる人々をひきつけずにはおかなかった。

獄中での時間は、読書と著述にも多く割かれた。さいわいその方面での便宜は、司獄の福川犀之助《ふくかわさいのすけ》が取り計らってくれたので、松陰としては、久しぶりに腰を落ち着けて励むことができた。福川は講義を聴いているうちに、囚人たる松陰を師として尊敬するようになったのである。

入獄を機会に、松陰はあらためて奮起するところがあった。安政元年十一月二十日、獄中で書いた「二十一回猛士説」で彼は次のように言う。（カッコ内は筆者注）

吾庚寅《こういん》の年（文政十三年）を以て杉家に生まれ、すでに長じて吉田家を嗣ぐ。甲寅《こういん》の年（安政元年）罪ありて獄に下る。夢に神人あり。与ふるに一刺を以てす。文に曰く、二十一回猛士と、忽《たちま》ち覚む。因《よ》て思ふに杉の字二十一の象あり（木を分解すると十八、彡が三、計二十一となる）。吉田の字も亦二十一回の象あり（士と十で二十一、口と囗をあわせて回の字となる）。吾が名は寅、寅は虎に属す。虎の徳は猛なり。吾卑微《ひび》にして孱弱《せんじゃく》、虎の猛を以て師と為すに非《あら》ざれば、安《いずく》んぞ士たることを得ん。吾生来事に臨み、猛を為すことおよそ三たびなり。而して或は罪を獲《え》（東北亡命）、或は謗《そしり》を取り（将及私言か）今は則ち獄に下り、復《ま》た為すこと能はず。而も猛の未だ遂げざる者、尚十八回あり。其の責も亦重し。（略）然らば則ち吾の志を蓄へ、気を弁《へい》する、豈《あ》にやむことを得んや。

二十一回猛士は、以後松陰がしばしば愛用した号である。死に臨んで遺言し墓碑銘にはこの字だけを彫るように指定したほど気に入っていた。あと十八回の「猛を遂げる」べく自分に課したところに重大な意義を感じていたであろう。残された命の時間を知っていたかのように、ひたすら思いつめ、みずからをせきたてながら、求道者的で、しかも烈しく昂揚した松陰の生き方の根底におかれていたのは、たしかに二十一回猛士たらんとする悲壮な覚悟であった。

野山獄に入ってからの松陰の読書欲は、それまでにも増して旺盛な勢いをみせた。「二十一回猛虎」と署名した『野山獄読書記』を見ると、まず下獄した十月二十四日から年末までに百六冊、翌年一月に三十六冊、二月四十冊……といった調子で進み、十二月に出獄する直前まで、総数五百五十四冊に達している。

ついでだが、出獄後の安政三年中の読書は五百五冊、安政四年が三百八十五冊となっている。安政四年の後半から翌五年にかけて読書が減ったのは、松下村塾での多忙、また松陰自身の行動からも読書の時間がとれなくなったからである。いずれにしても、下獄いらい三年間でおよそ千五百冊を読み、その上に『幽囚録』『野山獄文稿』『回顧録』をはじめ、この三年間だけで四十五篇にのぼる著述を完成させている。全十二巻の『吉田松陰全集』に収録された文稿の大半が、第一次野山獄時代から松下村塾開講前後にかけての数年間に成ったというのは、二十一回猛士の気力がもっとも充実した時期であったことも示しているといってよいだろう。

『講孟余話』

安政二年（一八五五）十二月十五日、松陰は野山獄を出た。仮出獄である。

この年七月、幕府は米・英・露と和親条約を締結した事情を朝廷に奏上、十二月には日蘭和親条約に調印。攘夷論はさらに沸騰した。また十月二日には江戸が大地震に襲われた。江戸市中の被害甚大で、圧死、焼死者は公表されただけでも七千人にのぼった。江戸にいた水戸学派の重鎮藤田《ふじた》東湖《とうこ》も圧死した。

まだ獄中にいた松陰の耳にも江戸の変事は入ったらしく、同月二十二日、小田村《おだむら》伊之助《いのすけ》（松陰の妹婿）にあてた手紙にも「江戸地震驚くべく懼《おそ》るべきの至り」という文字が見える。安政の大獄をはじめ物情騒然とした時代の幕あきを暗示するかのような安政の大地震であった。それから二ヵ月後、二十一回猛士吉田寅次郎は、久しぶりに肉親たちとの団欒《だんらん》を味わっていた。家に帰ることができたとはいえ、最初は外出禁止はもちろん、家族以外の者との面会も禁じられるという幽囚の身だった。

出獄直後、そのような束縛された彼を少しでも慰め、また励まそうとする父杉百合之助、兄梅太郎はあることを思いついた。獄中で松陰が孟子を講じたことを聞き、ではわれわれで聴講するので、そのつづきを家でやったらどうかと勧めたのである。

このころ杉家はすでに団子巌を下りたあたり（現在の松陰神社の位置）に質素な屋敷を構えていた。百合之助も役に就き、杉家の暮らしむきは、以前ほど窮乏にあえぐほどではなくなっている。しかし、団子巌時代、半士半農の生活をつづけるうちにも、梅太郎・大次郎ら幼い者には畠仕事のあいだに漢書の素読を教えたという好学の家風は、依然として杉家のものであった。肉親が集まって松陰の講義を聴き、それをもって彼を励まそうとするなどは、まさに好学の一族らしい発想であり、杉家におけるこの講義が、松下村塾での開講にいたる重要な契機となった。

十二月十七日から始まった講義は、その後付近の若い者も加わって、翌年六月十三日で『孟子』全篇を講じ終えた。野山獄での開講いらいちょうど一年ぶりである。講義を終わって五日後の十八日に、松陰は全稿をまとめて、ここに『講孟箚記《こうもうさつき》』が成立した。松陰はこれを書き上げたあとで「箚記」を改め「余話」としたので、遺稿としては『講孟余話《こうもうよわ》』として知られている。

その跋文での松陰の解説によれば「箚」は針であって、文章を精読する場合、針を皮膚に刺し鮮血がほとばしるように明確に理解するのでなければならぬが、これは孟子を講じて「随話随録」したものであるから「箚記」ではなく単なる「余話」にしかすぎないとしている。それには謙遜の意味もあろうが、反面絶大な自信にも裏付けられている。

『講孟余話』で、松陰は孟子への共感を示すかと思えば、まるで罵るように批判を加えている部分もある。いわば孟子の説をまないたに載せて、松陰流に料理してみせ、独特の世界観を展開したものだ。孟子を通じて、おのれの「志」を語ったのだといえる。

『講孟余話』は、一年間の歳月を経て成立したものである。幽囚の身であるとはいえ、この時期における一年という時間の重みが内容にも微妙な起伏をみせるのである。たとえば幕府に対する松陰の姿勢も稿の初めと終わりではいくらかの変化をとげていることがわかる。

松陰は「天朝」を第一と仰ぐ国体論を掲げているのだが、まだ幕府否定とまでは達していなかった。『余話』の中でも初めのあたりの「梁恵王《りょうけいおう》」上では、すべてが力をあわせ、天朝・幕府に忠誠を尽くすことが諸藩に課せられた義務だとする。

ところが、「梁恵王」下・第八章になると、かなりきわどい論調となり「湯武放《ほう》伐《ばつ》の事」におよんでいる。ここで中国における易姓革命観、つまり放伐論が展開されるのである。要するに、幕府でも失政があれば、これを放伐してよいのだと、思いきったことを述べている。

彼の対幕姿勢は僧默霖との論争を経て、決定的な変向点に達していたのである。

一筆誅姦権

默霖と松陰の文通がはじまったのは、安政二年九月からで、松陰はまだ野山獄中である。

默霖は、相当に過激な人物だったらしい。奇僧などと呼ばれる。十八歳のとき聴力をまったく失ったので、文通または筆談によって諸国の学者や志士たちと意見を交わしている。文政七年（一八二四）生まれだから、松陰より六つ年上で、萩にきたときは三十二歳だった。

安芸《あき》国長浜の出身で、すでに四十余国を遍歴し、三千余人に会っていたという。嘉永四、五年ごろから討幕の志を抱いたというから、それこそ筋金入りの尊王家である。野山獄にいる松陰に文通を申し入れ、やりとりしているうちに、默霖は激しく松陰の諫幕論《かんばくろん》を攻撃するようになった。

松陰は言う。「僕は毛利家の臣なり。故に日夜毛利に奉公することを練磨するなり、毛利家は天子の臣なり。故に日夜天子に奉公するなり。吾等国主に忠勤するは即ち天子に忠勤するなり」。そして毛利家や幕府に非がある場合は諫主・諫幕のために「一誠兆人を感ぜしめ」ようというのであった。誠を尽くしてそれに感じない者はいないというのだ。至誠とは死ぬまで松陰が貫いた態度だった。

一誠兆人を感ぜしめるのだとする松陰を、黙霖はひそかに冷笑して「たといその人をして感悟せしむとも、風俗頽隳《たいき》の世に生まれて、之れを奈何《いかん》ともすべからず」と反論し「余一筆もて姦権の士を誅し、忠孝の冤《えん》を雪《すす》ぐあらんのみ」とする。ここで「一誠感兆人」の諫幕論と、「一筆誅姦権」の討幕論がたたかわされることになる。

松陰が野山獄を出て家に帰った翌年の安政三年八月にも、黙霖は松陰にこの論争を吹きかけている。松陰自身が「心血を濺《そそ》ぎこの大論を発した」といっているように、この論争は彼にとってこれまでにない自分との闘いでもあったのだろう。曖昧な諫幕論にとどまるか、それを脱皮して討幕論にひきしぼるかの境界をさまよいつづける松陰に、默霖は執拗なまでに痛論を送りつづけた。

松陰は、心を動かした。「終《つい》に降参するなり」と彼が言ったのは、安政三年八月十九日だった。松陰が討幕思想にめざめるのは、実にこの默霖との論争の結果である。

その後、松陰は山県太華《やまがたたいか》と衝突した。太華は藩の儒官で、明倫館の学頭をつとめていた人物。著書もあって中央の学界にもその名を知られていた。

松陰は太華に『講孟余話』の批評を求めたのである。やがて太華から、まさに酷評ともいうべきものが返ってきた。それはきわめて詳細かつ長文の批評であり、しかも松陰の怒気を誘うほどの内容だった。太華としては、片腹痛いといった気持もあったのだろうか。あるいは松陰の奔放な孟子解釈を、曲学阿世とみたのかもしれない。太華は儒家らしい合理主義の目を据えて、ひややかに松陰の所論を突き崩そうとするのである。

たとえば「梁恵王」の章で、松陰が放伐論を展開する。中国の易姓革命観と日本との違いは「天が命じた主旨」における「天」の解釈だが、わが国のそれはとりもなおさず天朝であるとする。「天《あま》つ日《ひ》嗣《つぎ》」たる天皇が「天」なのである。「此の大八《おおや》洲《しま》は、天日の開き給へる所にして、日嗣の永く守り給へるものなり」と松陰が言う。

するとと、太華が「天日とは何ぞや」と噛《か》みつくのである。「天日とは太陽をいへるにや。又は太祖照臨の徳を以て太陽に比したる辞なるにや。もし太陽を指していはば、太陽は火精にて、其の大地球に倍すること幾許《いくばく》を知らず（略）これを以て独り我が一国の祖宗といふこと、極めて大怪事なり」

また「日本の国土は幕府の私領か」（『公孫丑《こうそんちゅう》』下・第八章）について、太華は諸侯の領国成立の事情を長々と述べ「天子より是れを賜ひたるにも非ず」「天下の武将たるを以て自然に天下帰して、先代に継ぎてこれを有《も》ち候」と、天子のものだとする松陰の主張を否定してみせるのである。

太華のような現実的で冷静な文章をつきあわせると、松陰の分《ぶ》の悪い部分が浮きあがってくる。言わんとしていることは捨象されてしまって、その非論理性が、いくらかは揚げ足をとられるように暴露されていくのである。

しかし、要するに御用学者的性格を帯びる太華は完全に幕府側に立ってものを言っているのであり、彼の論評はすべて幕府の立場を擁護することに帰一するのである。

理路整然としているようで、何かまやかしがあると松陰は思うのだが、悲憤慷慨《ひふんこうがい》している割には、批評に対する反論が「此の一句、是れ太華の頭脳、皇道・国運を以て己が任を為す者色を正しうして之れを責めざるを得ず」といった歯切れの悪さだ。合理的に、現実的に論じていけば、「神道者、国学者流」の神秘主義的な言説は突き崩されてしまうのである。さすがに太華は老獪《ろうかい》な論客であった。

ともあれ、『講孟余話』を山県太華に見せ、その批評を受けたことは、松陰にとって、黙霖との論争のあとにおとずれる重大な転機にもうひとつのはずみを加える結果となった。

詭弁ともとれる幕府擁護論への反発が、諫幕論に足踏みしている松陰を「一筆誅《いっぴつちゅう》姦権《かんけん》」の討幕論に大きく一歩近づけることになったとはいえるだろう。

『松下村塾の記』

安政三年（一八五六）八月二十二日から、松陰は『武教小学』の講義を始めた。講孟にひきつづいて、それを望まれたからである。

その日の日記に「外叔久保翁・家大兄・佐々木兄弟・高洲《たかす》滝生《たきお》・従弟毅甫《たけもと》これに会す」とある。つまり外叔久保五郎左衛門《くぼごろうざえもん》、兄梅太郎、佐々木亀之助《ささきかめのすけ》・梅三郎兄弟、高洲滝之允《たかすたきのすけ》、従弟玉木彦介《たまきひこすけ》（玉木文之進の子）が第一回の聴講生である。『武教小学』は十月十六日に講了し、以後兵学に関する講義をほとんどやっていないのは、内容そのものがもう時代にふさわしくないと考えたからだろうか。むしろ松陰の関心は江戸遊学いらいのことだが歴史に傾いており、十月以降は『日本外史』また『春秋左氏伝』や『資治通鑑《しじつがん》』など日本や古代中国の史書を講じている。

この当時、松下村塾といえば、その付近に住む松陰の外叔久保五郎左衛門がひらいていた私塾をそう呼んでいた。最初の松下村塾は、玉木文之進がひらいたもので、松陰も幼年時代そこで学んだのである。役に就いた文之進が塾を閉鎖したあと、五郎左衛門が村塾の呼称を受け継いだが、この久保塾は寺子屋程度の内容で、読み書きそろばんを教えていた。吉田栄太郎《よしだえいたろう》（稔麿《としまろ》）や伊藤利助《いとうりすけ》（博文《ひろぶみ》）もそこの塾生であった。

久保塾は多いとき七、八十人が集まったという。杉家における松陰の講座はそれにくらべて水準が高いので、かなり学力のある者のみが聴講した。しかし、久保塾と並行して講義は進められ、やがて合併して第三期の松下村塾が生まれることになる。

安政三年九月、松陰は五郎左衛門のために『松下村塾の記』を書いているが、それには松陰自身の教育方針が強く打ち出されている。すでに松陰を主宰とする松下村塾は、発足していたといえるだろう。

『松下村塾の記』で、松陰は、学習態度の評定を三段階、さらに六つに分けて、これを三等六科とした。上等とは「進徳・専心」、中等は「励精・修業」、下等は「怠惰・放縦」である。ここに集まった若者たちが、上等の塾生として励むなら、自分の前言がけっして大言壮語に終わらないだろうというのである。前言とは何か、大要（口語訳）は次のような言葉だがこの『松下村塾の記』こそが、松陰の教育理念として特筆されるべきものである。

長門の国は僻地であり、山陽の西端に位置している。そこにおく萩城の東郊にわが松本村はある。人口約一千、士農工商各階級の者が生活している。萩城下はすでに一つの都会をなしているが、そこからは秀れた人物が久しくあらわれていない。しかし、萩城もこのままであるはずはなく、将来大いに顕現するとすれば、それは東の郊外たる松本村から始まるであろう。

私は去年獄を出て、この村の自宅に謹慎していたが、父や兄、また叔父などのすすめにより、一族これに参集して学問の講究につとめ、松本村を奮発震動させる中心的な役割を果たそうとしているのである。

叔父玉木文之進の起こした家塾は松下村塾の扁額を掲げた。外叔久保五郎左衛門もそれを継いで、村名にちなむこの称を用い、村内の子弟教育にあたっている。その理念は「華夷の弁」を明らかにすることであり、奇傑の人物は、かならずここから輩出するであろう。ここにおいて彼らが毛利の伝統的真価を発揮することに貢献し、西端の僻地たる長門国が天下を奮発震動させる根拠地となる日を期して待つべきである。私は罪囚の余にある者だが、さいわい玉木、久保両先生の後を継ぎ、子弟の教育にあたらせてもらうなら、敢えてその目的遂行に献身的努力をはらいたいと思う。

そこにある「華夷の弁」を明らかにするというのが、この『松下村塾の記』の主柱をなすものである。もともと華夷思想は、儒教とともにわが国に渡ってきた。とくに江戸時代、儒学が全盛期を迎えると、中国礼賛の風が一部学者のあいだに高まり、日本そのものがいやしむべき夷狄《いてき》の国土だと考える者さえいた。

このような先進国に対する拝外的な風潮を是正しようとするのが華夷弁別で、浅《あさ》見《み》絅斎《けいさい》らによってそれが強調された。

「夫れ天地の外をつつみ、地往くとして天を戴かざる所なし。然れば各々其の土地風俗の限る所、其地なり〳〵に天を戴けば、各々一分の天下にて互に尊卑貴賤の嫌《きらい》なし」

自分の生まれた土地がどのような僻地であろうと、それに劣等感を抱く必要はなく、その場所で励めばそこが「華」だというのである。松陰が松下村塾の教育理念としてかかげた華夷の弁とは、松本村という辺境に英才教育の場を興そうとする壮大な意図をうたったものだ。そして、長門国が天下を奮発震動させる奇傑の根拠地になろうという松陰の期待と予言は、彼の死後において、ついに実現されたのである。

『狂夫の言』

安政四年（一八五七）七月の終わりごろには、松陰が主宰する第三期の松下村塾の基礎はまったく定まったといってよい。しかし、この時期、松陰の講義は、依然として幽室かそれに通じる杉家の居間があてられていた。塾生は前年の十数人のほか、次のような新しい入門者を迎えた。

久坂玄瑞《くさかげんずい》・高杉晋作《たかすぎしんさく》・尾寺新之丞《おでらしんのじょう》・野村和作《のむらわさく》（靖《やすし》）・中村理三郎《なかむらりさぶろう》・岸田多門《きしだたもん》・

佐世八十郎《させやそろう》（前原一誠《まえばらいっせい》）・飯田吉次郎《いいだきちじろう》・土屋恭平《つちやきようへい》。

大勢が出入りするには杉家も狭すぎたので、庭内にあった古い小屋を修理して塾舎に使うことになり、八畳一間の講義室が十一月に出来上がった。松陰は外部の人間との接触を禁じられている身だから、当時は表むきこの塾を久保氏のものとしているが、のち藩に願い出て、正式に塾の経営を許された。山鹿流兵学を教える名目で、藩がそれを許可したのは、翌年七月である。

松下村塾の名は、しだいに知られるようになり、入塾の希望者は急速にふえた。塾生は松本村や萩城下、さらに藩内全域にわたった。松陰の思想が、藩内に広く浸透するようになったひとつの理由であろう。

官学明倫館《めいりんかん》の教育内容にあきたらない人たちも多く村塾の門をたたいた。高杉晋作のように、親にかくれて二キロ余りの夜道をかよってくる者もいた。松陰に接近することを親が喜ばないからである。それは高杉家だけではなかっただろう。

いずれにしても松陰は、国事犯として幽囚中の身である。それを承知で〝危険な人物〟について学ぶこと自体が、異様に緊張した雰囲気をかもし出したに違いない。松下村塾における師弟の関係が、尋常でない濃密なものをはらみ、強烈な感化力を持ったのは、松陰独自の教育者的資質に負うところも大きいだろうが、やはり村塾の特殊な環境にもよるのだといわなければなるまい。

安政五年（一八五八）、松陰は末の妹文《ふみ》と結婚した久坂玄瑞とともに、二十九歳の穏やかな正月を迎えた。萩も、そして日本国全体も嵐の前の無気味な静けさを保っていた。

幕府は、アメリカ領事ハリスに押しつけられた、日米修好通商条約締結という難問題に直面している。しかも十三代将軍徳川家定《とくがわいえさだ》の跡継ぎをめぐる政争をかかえている。いわゆる将軍継嗣問題には、一橋・紀伊両派の暗闘がつづいていた。九州の雄藩薩摩もこれにからんで動き始めているのだった。

文字どおりの内憂外患が、一触即発の状態にまでしのびよっている。日本国中が息をひそめて、高潮の来襲を待つような、そんな安政五年の年明けである。

一月六日の夜、松陰は一気に『狂夫の言』を書きおろした。松下村塾をあげて政治活動に乗り出す予告ともいうべきこの論文は、目下の情勢にまるで対応の姿勢を示さない藩の怠慢をなじる痛烈な藩政批判である。

つづいて四月には『対策一道』と題する上書を藩に提出した。これでは軍艦建造に関する具体案を示し、『狂夫の言』でも触れたように身分を度外視した人材登用を力説している。

藩に出した松陰の上書は、当初ほとんど重臣たちの手でにぎりつぶされ、藩主までは届かなかったが、一月に提出した『狂夫の言』を偶然藩主が見るという機会を得た。六月のことである。藩主は、当職（国家老）の益田《ますだ》親施《ちかのぶ》に、松陰の建言をすべて自分の手許まで差し出すように命じたので、以後松陰の意見は、そのまま藩主に達することになった。

しかし、藩政に関する松陰の建言がすべて採用されたわけではない。むしろ過激で性急な松陰の意見は、時勢を静観しようとする藩からほとんど無視されるほかはなかったのである。ただ松陰が繰り返し強調した人材登用や情報収集などいくつかは実際面にかたちとなって現われることもあった。とくに松下村塾の塾生たちでも下層出身の人々が、藩の要務を帯びて京都などへ派遣されるようなことは、松陰の運動によるものであった。彼らが藩政の第一線に活躍する契機をつくってやったのは松陰であるといってよい。

松下村塾の教育は、単に漢籍などを講読するいわゆる訓詁《くんこ》の学風を意識的に避けた。むしろ師弟のあいだでの時局をめぐる熱を帯びた討論が繰り返されたという。松陰はこのようにも言った。「学とは、書を読み古を稽《かんが》ふるの力に非ざるなり。天下の事体に達し、四海の形勢を審《つまびら》かにする、是れのみ」。松陰は、松下村塾をひとつの目的集団に仕上げようとしているかのようだった。そのためには、まず縦割りにされた人間関係を崩さなければならなかった。そして、横の結合という封建社会に稀薄だった連帯の世界を創造しようとするのである。そのような中で、「天下の事体に達し、四海の形勢を審かにする」学の講究が進められた。

れっきとした侍の子と、足軽や中間や商人の子が、対等な友人として結びあうとき、閉鎖的身分社会には求められなかった、まったく新しい「友情」の場がそこに生まれた。明治維新をさきがけた長州人の力を支えたものが、封建的身分関係を超越した友情であったとすれば、その機運を最初につくり出したのは、疑いもなく松下村塾の塾生たちであった。

松陰門下の生死

小屋を改造した八畳の講義室が狭くなったので、安政五年三月に増築した。大工の手を借りず、塾生の自力で建てたのは十畳半の塾舎である。松陰自身も労役に参加した。

この年、山県小輔《やまがたこすけ》（有朋《ありとも》）、時山直八《ときやまなおはち》といった新入生が姿をあらわす。また、高杉・久坂・吉田と並んで村塾の四天王といわれた入江杉蔵《いりえすぎぞう》（九一《くいち》）も少し遅れて入塾した。入江は野村の実兄である。

松下村塾の塾生名簿が遺されていないのではっきりした人員はつかめないが、一日三十人程度が通ってきたらしい。在籍者数はその十倍くらいではないかという。安政五年九月から十一月までの『松下村塾食事人名控』によると約十人が塾舎に宿泊している。松陰がいつもそのように門下生たちと起居をともにしていたことがわかる。塾生一人ひとりの資質を松陰が的確につかんでいた事実とそれは関連していると思われる。

天野《あまの》清三郎《せいざぶろう》（渡辺蒿蔵《わたなべこうぞう》）は、松陰門下生中もっとも長寿だった人物で、昭和十四年に九十七歳で没したが、その談話記録によると、松陰の風貌は「丈高からず、痩形であり、顔色は白っぽい。天然痘の痕があった」という。松陰の写真と称するものが伝えられているが、「全然異人なり」と天野は否定している。後述する松浦松洞《まつうらしょうどう》が描いた肖像画が、当時の松陰の姿をしのぶ唯一のものといってよい。

松陰の性格について、天野は「怒った事は知らない。人に親切で、誰れにでもあっさりとして、丁寧な言葉使《ことばづかい》の人であった」と証言している。「諸友に語《つ》ぐ」をはじめ、松陰が門下生に与えた文章を読むと、教えるというより諄々と説き、訴える調子が目立つ。

松陰は門下生たちを対等の友人として交わるように指導すると同時に、みずからも友として彼らの中に入っていった。

内面に激しく情念を燃やしながら、人間に対しては限りなくやさしく、怒らず、そのモットーとする「至誠」をかかげて接近していく。松陰の感化力の秘密はそのようなところにあったのかもしれない。「講義は上手であった」とも天野は言う。このようにして、すぐれた教師としての松陰の像が浮かんでくるのである。

安政五年春から暮れにかけて在籍した主な塾生の氏名・年齢（カッコ内数え年）を一覧してみよう。◎印は文久から明治初年までに自刃・戦死などを遂げた人々である。

◎中《なか》谷《たに》正亮《しょうすけ》（二八）　病死
◎佐世八十郎（前原一誠＝二五）　斬死
◎高杉晋作（二〇）　戦病死
◎有吉熊次郎（一七）　自刃
◎久坂玄瑞（一九）　自刃
◎玉木彦介（一八）　戦死
◎大《おお》谷《たに》茂樹《しげき》（二一）　自刃
◎生《いく》田《た》良佐《りょうすけ》（二三）　病死
◎時山直八（二一）　戦死

◎飯田正伯《いいだしょうはく》（三四）　獄死
◎吉田栄太郎（稔麿＝一八）　討死
◎松浦亀太郎《まつうらかめたろう》（松洞＝二三）　自刃
◎駒井政五郎《こまいまさごろう》（一八）　戦死
◎杉山松介《すぎやままつすけ》（二一）　討死
◎寺島忠三郎《てらじまちゅうざぶろう》（一六）　自刃
◎入江杉蔵（九一＝二一）　自刃
斎藤栄蔵《さいとうえいぞう》（境二郎＝二三）／岡部富太郎《おかべとみたろう》（一九）／岡部繁之助《おかべしげのすけ》（一七）／尾寺新之丞（三三）／冷泉雅次郎《れいぜいがじろう》（天野御民《あまのみたみ》＝一八）／岸田多門《きしだたもん》（不詳）／妻木寿之進《つまきひさのしん》（二三）／馬島甫仙《まじまほせん》（一八）／国司仙吉《くにしせんきち》（一三）／飯田吉次郎（俊徳＝一一）／久保清太郎《くぼせいたろう》（断三＝二七）／小野為八《おのためはち》（四〇）／増野徳民《ましのとくみん》（一七）／野村和作（靖＝一七）／天野清三郎（渡辺蒿蔵＝一五）／山田市之允《やまだいちのじょう》（顕義《あきよし》＝一五）／山県小輔（有朋＝二二）／品川弥二郎《しながわやじろう》（一六）／伊藤利助（博文＝一八）

　ここに挙げた人物は、松陰の述作や諸記録の中に比較的よくあらわれる人々だが、一応これを松下村塾の中心となる塾生とみてよいだろう。これで推定すると、松下村塾生の身分構成は、士分と足軽・中間その他下積みの階層に属していた人たちが半々に分けあっていたこと、年齢別には十代が三分の二を占めていたこと、また半数が明倫館教授時代の松陰の兵学門下だったことなどがわかる。

　しかもこの人々のうち、明治まで生き残って余生をまっとうしたのは、半数にしかすぎず、村塾の四天王とされる久坂・高杉・吉田・入江をはじめ、多くが行動なかばに斃《たお》れたというのは衝撃的な事実である。

杉蔵往け！

　通商条約調印について、御三家・諸大名の意見を徴し、改めて勅裁を乞うようにとの勅諚《ちょくじょう》が朝廷から出たのは、安政五年三月だった。幕府としては、すでに勅許は得られないものと見てとったが、四月二十五日、江戸在府の諸大名に総登城を命じて下問した。新しい提案が出るはずもなかった。

そのころ萩にいる松陰は、断乎調印に反対すべきだとの意見を藩に提出した。『愚論』『続愚論』を書いたのはこの時である。しかし、長州藩からは調印反対を幕府に建言するというような動きはまったくない。依然として〝時勢観望論〟と称する日和見的な立場をたもっていた。松陰は、しだいに苛立《いらだ》ちを覚えはじめる。

老中首座の堀田正睦《ほったまさよし》にかわって登場した大老井伊直弼《いいなおすけ》は、まず日米修好通商条約の調印を急ぎ、六月十九日にそれを断行した。ひきつづいて井伊は将軍継嗣問題にとりかかり、同月二十五日、強引に紀州藩主徳川慶福《とくがわよしとみ》（家茂《いえもち》）を十四代将軍の座に据えることを決定させた。江戸に出ていた中谷正亮からのそれを知らせる手紙を松陰が受け取ったのは、七月十一日である。

十三日、松陰は『大義を議す』を書いて、藩の重臣前田孫右衛門に送った。怒りにまかせた過激な文言が並ぶ。

「(幕府は) 墨夷に諂事して天下の至計と為し、国患を思はず、国辱を顧みず、而して、天勅を奉ぜず。是れ征夷の罪にして、天地も容れず、神人皆憤る。これを大義に準じて、討滅誅戮《ちゅうりく》して、然る後可なり、少しも宥《ゆる》すべからざるなり」

この中の征夷とは征夷大将軍つまり幕府であり、「これを討滅誅戮せよ」と叫ぶのである。松陰が討幕の意志を強く公にむかって明言したのはこれが最初であった。

この年、二月には久坂玄瑞が三ヵ年の期限で江戸遊学にのぼった。三月には松浦松洞、つづいて中谷正亮が京都から江戸へ出た。条約調印の報が届いた日には、入江杉蔵がふたたび東上、生田良佐も京都へ。そして、家族の反対で萩に足踏みしていた高杉晋作も七月二十日には江戸遊学の途についた。松陰の推薦で藩命を受け、各地に飛んだ塾生も多く、いわば村塾の卒業期でもあった。松陰のねらいは、有能な門下生たちに活躍の場を与えることである。

自分の手許を離れていく塾生たちに、松陰はかならず「送叙《そうじょ》」（送序とも）を贈って励ました。この送叙は単なる激励文ではない。自分との出会いを語り、本人の性格、資質の長所を教え、憂うべき時勢を述べて、それに対処すべき志士の心構えを説き、そして訣別の言葉でしめくくるのである。いくらかは時間をかけて推敲したらしい心のこもった名文となっている。

「杉蔵往け、月白く風清し、飄然《ひょうぜん》馬に上《また》がりて三百程《てい》、十数日、酒も飲むべし、詩も賦すべし。今日の事誠に急なり。然も天下は大物なり。一朝奮激の能く動かす所に非ず。其れ唯だ積誠もて之れを動かし、然して後動くあるのみ……」（入江杉蔵に与えた送叙の一部）

目をかけていた門下生の多くは、なかば松陰の意志で、村塾を巣立っていった。村塾はその年十一月に閉鎖されるのだが、彼らはふたたび松本村の塾舎の講義室で師に会うことはなかったのである。松陰はそれを予知したかのように、去っていく愛弟子へ惜別をこめ、そして彼らの胸の一つひとつに、やがて憤然と燃えさかる火種を投げこんでおくことを忘れなかった。

間部詮勝暗殺計画

安政の大獄の序曲は、幕府内部の粛清から始まり、つづいて梅田雲浜《うめだうんぴん》・橋本左内・頼三樹三郎《らいみきさぶろう》といった人士の逮捕によって急速に恐怖政治の度を深めていった。

安政五年十一月に入ったころ、松陰の兵学門下である赤川直次郎《あかがわなおじろう》（淡水《おうみ》）が江戸から帰国した。彼は村塾に松陰をおとずれ、京都の政情を報告したうえ、薩摩・水戸の者が井伊大老暗殺を計画し、長州にもひそかに助勢を求めているらしいと話した。

それが松陰をひどく刺激したのである。井伊を薩摩や水戸がやるのなら、長州のわれわれは間部詮勝《まなべあきかつ》を暗殺すべしと考えたのだ。老中間部が、井伊の指示で京都へ上り、朝廷内の反幕勢力を粛清しようとしていることを松陰は知っていた。

十一月六日、松陰は行相府の前田孫右衛門と周布政之助《すふまさのすけ》にあてて、暗殺に必要な武器を藩政府で整えてもらいたいという願書を提出した。「間部下総守・内藤豊後守打果し、御当家勤王の魁《さきがけ》仕り、天下の諸藩に後《おく》れず……」といった趣旨を述べ、「クーボール三門、百目玉筒五門、三貫目鉄空弾二十、百目鉄玉百、合薬五貫目貸し下げの手段の事……」とある。このような願書を藩が受けるはずがないのだ。

十一月二十九日、周布は藩主の許可を得たうえで、松陰の厳囚を命じ、同時に松下村塾の閉鎖を宣告した。「松陰の学術不純にして人心を動揺す」というのがその理由である。松陰にはかなり好意的態度を示しているかに見えた周布も、ほとほと手を焼いたというかたちである。野放しにしておくと、藩にも災厄が及びかねないとの不安を抱いたのだろう。

この『間部要撃策』には、品川弥二郎ら村塾に残っていた十七人の門下生が連判状に加わった。松陰は江戸にいる高杉晋作・久坂玄瑞・中谷正亮らにも手紙を送り、同調をよびかけている。

安政六年（一八五九）の正月を野山獄で迎えた松陰は、江戸からの返事を待ちわびた。事は挫折したが、彼らがどのように応えてくれるかに強い期待を寄せた。高杉や久坂らがかならず駆けつけてくれるものと信じているのである。松陰としては、それで慰められるはずだった。

返事は一月十一日に届いた。義挙は時機尚早であり、へたをすれば長州藩そのものを危機に追いこむことになるので、しばらく自重すべきだとの「勧告状」になっている。萩にいる門下生の多くも、松陰の過激な言動に辟易《へきえき》してにわかに遠ざかっていく。ようやく松陰は信頼していた門下から孤立した自分の立場に気づいて、悲しみと怒りに打ちふるえるのである。

「江戸居の諸友久坂・中谷・高杉なども皆僕と所見違ふなり。其の分れる所は僕は忠義をするつもり、諸友は功業をなすつもり……」

獄中からだれかれとなく手紙を送り、憤懣《ふんまん》をぶちまけた。そして、「吾が輩、皆に先駆けて死んで見せたら観感して起るものもあらん」と悲痛な声をあげるのも、頼みにしていた者たちがいっせいに背を向けはじめた状況下での孤独な決意であった。

しかし、この時期、松陰にもっともよく尽くした門下生は入江杉蔵と野村和作の兄弟である。彼らは足軽身分だから、松陰にかわって藩政府に堂々と交渉するだけの立場は与えられていない。せいぜい松陰の手紙を持って走りまわるといった程度だが、松陰はついにこの二人にある重大な使命をさずけるのである。

それは「伏見要駕策」というものであった。春、毛利慶親が参覲のため東上の途中、その駕籠を伏見に停めて京都に入らせ、三条実美《さんじょうさねとみ》・大原重徳《おおはらしげとみ》ら反幕派の公卿と会わせて、京都に旗挙げさせるという計画である。これは結局不発に終わり、松陰の手紙を持って上京した野村和作は藩吏に捕えられ萩に送り返されて岩倉獄に投じられた。
「小生発狂、父母兄弟の情絶えて之れなく、敢えて一涙を此の間にそそぎ申さず」「今、諸友と絶つ」「父母兄弟皆狂人もて遇せらるるも覚悟、絶交の由を明告すべし」といった言葉が当時の手紙に書きつけられる。人々は獄中に錯乱する松陰を遠くから痛々しく見守るばかりだった。

「自由をわれに」

四月ごろから、松陰もようやく平静さをとりもどした。野村和作に対して、要駕策はやはり間違っていたという反省の手紙を送ったりもしている。江戸にいる高杉らにも、穏やかな手紙を送るようになった。野山獄の生活は、松陰に静かな瞑想の時間をもたらした。行動をふりかえり、混乱した思考を整理する機会ともなったのである。

それにしても「間部要撃策」を掲げ、藩の重臣に武器供与の願いを出すといった奇矯な行為の真の狙いは何だったのだろう。藩が素直にそれに応じてくれると信ずるほど松陰が狂っていなかったとすれば、その目的は観望論をとなえて激動する時勢から目をそむけている長州藩に揺さぶりをかけることにあったのではないかとも思われる。「天下の形勢変革の時節、御国大臣小吏のありさま豈に痛哭流涕《つうこくるてい》に堪へんや。（略）せめて観望持重の人々も（防・長）両国なりと憂へて呉ればよきに」（二月某あて）という手紙でもそれがうかがえる。

四月十四日、野村和作にあてた手紙では次のように言っている。

「今迄の処置、遺憾なきこと能はず。それは何かと云ふに、政府を相手にしたが一生の誤りなり（注、傍点は松陰自身がふったもの）。此の後は、屹《きっ》と草莽《そうもう》と案をかへて今一手段遣《つか》つて見よう……」

松陰は、藩というものへ、急に見切りをつけはじめた。「天下の形勢変革の時節」にあって、頼みとするのは、もはや草莽だけである。四月七日北山安世（佐久間象山の甥）に出した松陰の手紙から有名な言葉を引こう。

独立不羈《ふき》三千年来の大日本、一朝人の羈縛《きばく》を受くること、血性ある者視《み》るに忍ぶべけんや。那波列翁《ナポレオン》を起してフレーヘード（注、オランダ語 vrijheid 自由）を唱へねば腹悶医《いや》し難し。僕固《もと》より其の成すべからざるは知れども、昨年以来微力相応に粉骨砕身すれど一つも裨益《ひえき》なし。徒らに岸獄に坐するを得るのみ。此の余の処置、妄言すれば則ち族せられん（注、罪が一族に及ぶ）。なれども、今の幕府も諸侯も最早酔人なれば扶持の術なし。草莽崛起《そうもうくつき》の人を望む外頼みなし。

「那波列翁を起してフレーヘードを唱へ」るとは、次のように解釈してよいだろう。先に松陰は平戸で『近時海国必読書』を読んだとき「余棙那把児《ボナパルト》的の暴を憎む」と感想を述べている。つまり一八一二年、ナポレオンがロシア遠征で挫折していらい、プロイセンを中心に、ヨーロッパ諸国民がいっせいに反ナポレオン闘争を展開して彼の軍事支配から脱したあの「自由戦争」を想起し、日本列島に加わりつつある外圧をはね返す戦いを始めなければならぬというのである。「自由をわれに」という闘争を進めるためには、幕府も諸侯もあてにならない。草莽崛起を望むほかにないと言い、ついに「草莽崛起、豈《あ》に他人の力を仮《か》らんや。恐れながら天朝も幕府、吾が藩も入《（要）》らぬ」（野村和作宛）との結論に達するのだが、さらには「尊攘は迚《とて》も今の世界を一変せねば出来ぬものにこれなく」という変革への期待を痛切に語りかけるのである。

武蔵の野辺に朽ちぬとも

幕府が松陰の江戸召喚の命を長州藩邸に通達したのは四月十九日だった。それを伝えるために直目付の長井《ながい》雅楽《うた》が、すぐ帰国の途についた。約一ヵ月後の五月十三日に、長井は萩に帰着した。翌十四日の午後、杉梅太郎がその命令を野山獄にいる弟の松陰に告げた。

出発までの十日間は、連日門下生たちとの面会や手紙をしたためることに費やされた。親族・知友・門下生にあてて約二十通をしたためている。一時は遠ざかっていた門下生もぞくぞくあらわれ、松陰も久しぶりに彼らと親しく言葉を交わした。松下村塾再興の相談もあった。小田村伊之助《おだむらいのすけ》を主宰として、その時機がくれば再興するように指示した。

たまたま帰省していた久坂玄瑞は、小田村と話しあい、松浦松洞に松陰の肖像を描かせることにした。松洞が描いた八枚に、松陰は快く自賛を書きこんだ。皆で無意識のうちに死の準備をしていたのだ。そのときの肖像が、こんにち六幅遺されている。死の五ヵ月前に写しとった遺影である。

帰らじと思ひさだめし旅なればひとしほぬるる涙松かな

城下の郊外大屋に涙松と呼ばれる松の大樹があり、旅に出かける者が城下を見納めて涙をうかべることからの名である。五月二十五日、松陰が涙松で詠み遺《のこ》したふるさとへの別れの歌がそれであった。

江戸藩邸に着いた松陰に、評定所から呼び出しがかかったのは、七月九日だった。寺社奉行松平伯耆守《まつだいらほうきのかみ》らによる取り調べがあり、即日小伝馬上町の牢に入った。

松陰は、ここで決定的な失敗をしている。最初取り調べの内容は、梅田雲浜との関係、また京都御所内に落文した者がいるが、それは松陰ではないかとの訊問だった。そのいずれも説明は簡単に済み、難なく疑いは晴れた。

（それだけのことで、はるばる江戸まで呼びつけたのか）と肩すかしを食ったような気分だったのだろう。実はこの機会に日頃の所信を幕府の高官たちに聞かせようと意気込んでもいたのだ。

「私は死に値する罪を二つ持っている」

突然、そんなことを口走った。そう言えば取り調べも長引き、「間部要撃策」「伏見要駕策」に関連して意見を述べることができると松陰は考えたらしい。ひとつには、この未遂事件を幕府側は探知していると思っていたのである。

「初め意《おも》へらく、是れ等の事、幕《ばく》にも已に諜知《ちょうち》すべければ、明白に申立てたる方却つて宜しきなりと。已にして逐一口を開きしに、幕にて一円知らざるに似たり。……」（『留魂録』）

しまったとは思ったが、初めのうち松陰はせいぜい遠島ぐらいだろうと楽観していた。だが、示された口書の文言から、どうやら死罪はのがれられそうもないという気配を悟った。橋本左内、頼三樹三郎らも次々と刑場に消えていく。

十月十七日、門下生尾寺新之丞あての手紙に「矢張り首を取るに相違なし」と、死罪の判決を予想している。二十日には父杉百合之助・兄梅太郎・叔父玉木文之進の宛名を連記して「永訣書」を書いた。

親思ふこころにまさる親ごころけふの音づれ何ときくらん

の一首を冒頭にかかげている。また「両北堂様」として実母と養母への追書として自分の首は江戸に葬り、萩には平生使っていた硯と書とを祭ってもらいたいと頼み、「松陰二十一回猛士とのみ御記し頼み奉り候」とある。

十月二十五日には『留魂録《りゅうこんろく》』の執筆にかかり、翌日の夕方に書き終わった。

身はたとひ武蔵の野辺に朽ぬとも留置《とどめおか》まし大和魂

『留魂録』第一ページに書かれた辞世である。薄葉半紙四つ折り十九面に細書きした約五千字にのぼる遺書は、門下生にあてたものである。目前に死を控えながら、文脈の乱れはまったくなく、冷静に、整然と後事を託す最後の言葉が述べられている。

とくに印象的なのは「今日死を決するの安心は四時（四季）の順環（循環）に於て得る所あり」と穀物の収穫にたとえた死生観を語った部分である。十歳で死ぬ者も、おのずから十歳の四季を持ち、花あり、種子を残すのだと松陰は言う。

「私は三十歳、四季はすでに備わっており、花を咲かせ、実をつけているはずである。それが単なるモミガラなのか、成熟した粟の実であるのかは私の知るところではない。もし同志の諸君の中に、私のささやかな真心《まごころ》を憐み、それを受け継いでやろうという人がいるなら、それはまかれた種子が絶えずに、穀物が年々実っていくのと同じで、収穫のあった年に恥じないことになろう。同志よ、このことをよく考えてほしい」

安政六年（一八五九）十月二十七日、吉田松陰は小伝馬上町牢の刑場で、波瀾に充ちた三十歳の生涯を閉じた。『留魂録』を書き上げた翌日である。

『留魂録』は門下生たちのあいだでひそかに回覧され、写本となって松門の志士たちの聖書ともなった。その諄々と教えさとす語調は、たしかに死の瞬間まで教師であろうとする松陰の遺書といえた。

彼は種を植えつけて処刑された。先駆者の役割は、すでに果たされており、死そのものが、最後の教訓として門下生を奮いたたせたのである。

あとがき

『留魂録』を読みなおしながら、私はあらためて遺書とは何かといったことを考えさせられた。遺書とは、その人物の生前における最後の意志を述べた書状の形態をとるが、不条理な死の直前に書かれた悲劇性の強い絶筆であるほど衝撃力を帯びてくる。

今、私たちの周辺にいるある人物が、明瞭な遺書をのこさずに急死したばあいでも、その人の生前の言葉が何か遺書めいて感じられることがある。しょせん人間は、日々遺書を書き、遺言らしいことを喋っているのだといえなくもない。偉大な人のそれは、生前の発言の総体が、遺訓として永遠に生きつづけるのである。

釈迦《しゃか》は入滅の直前「私の死後、私の説いた法と戒律が汝らの師として存在するだろう」と語ったという。釈迦の生前の説法は、そのままが遺書となり、教義となって仏教という巨大な宗教をかたちづくるのである。しかし、そのお釈迦さまにしても、八十歳を越えた高齢で、文字どおり大往生をとげている。この人について迫害されたという語り伝えはない。

前の論法でいけば、『論語』は孔子の遺書といえるだろう。孔子は、何度かの挫折を味わったが、それでも七十四歳まで生き、けっして悲劇的といえる最期ではなかった。またコーランを遺したマホメットは、みずから戦いに臨み、激しい生きざまを示したが、六十歳ばかりで愛妻にみとられながら病死した。

キリストだけが、ひどい迫害の末に、三十代で十字架刑に処せられた。世界四大聖人といわれる人のなかでは、例外的に若く悲劇的な死をとげている。死刑台である十字架をシンボルとするキリスト教の宿命というべきものか、悲惨な殉教の記録を日本史上にも刻みつけた。江戸時代から明治初年にいたるまで、切支丹たちが示した強烈な信仰心を聞くにつけても、日本人の悲劇的な志向と十字架上のキリスト像とが結びつくのである。

吉田松陰は、門弟高杉晋作に教えた「死して不朽の見込みあらば、いつ死んでもよし」という死生観そのままに、三十歳で不朽の死をとげた。それは殺されることによって、不朽の死たり得たのであり、さらにいえば、受難者像を確立することで、生前の叫びに強い説得力を付加したのだ。

もともと悲劇とは、受難とそれへの果敢な闘いをとらえる厳粛な演技によって、悲壮崇高な人生をえがこうとするものである。

かつて松陰は間部要撃策をとがめられ萩で下獄したとき、自分から離れていく門下生たちをながめながら「吾が輩、皆に先駆けて死んで見せたら観感して起るものもあらん」と悲痛な文言を吐いたが、まさにその厳粛な演技を意識した言葉であろう。『留魂録』の冷静周到な達意の遺言は、それに対応するものだといってよいのかもしれない。処刑されて死んで見せることは、教師としてのア・プリオリな資質を備える松陰の、最後の垂訓であり、『留魂録』は松陰につづこうとする志士たちの聖書として作用した。

安政五年、松下村塾に在籍した主要な顔ぶれ三十人を並べて調べると、明治まで生き残ったのは半数にしかすぎず、あとは割腹自殺八、陣没三、討死二、斬首一、獄死一といった殉難者たちだ。やはり衝撃的な事実である。
　昭和五十五年（一九八〇）、吉田松陰生誕百五十年にちなみ、私は『留魂録の世界』と題して松陰の遺書を解説する文章を「山口新聞」に連載した。これは同名の単行本として同社から出版された。山口県内を中心に三千部を出しただけで絶版になっている。その後、入手を希望する声が聞かれたが、再版の機会がないままこんにちにいたった。このたび徳間書店からの話があったのを機に大幅に改編し、全文の口語訳も加えて内容を一新したものとして刊行のはこびとなった。過去、私は吉田松陰の評伝も書いてきたが、多面的で巨《おお》きなこの人物の全体像を浮かびあがらせるのは、いかようにしても私ごときには至難のわざである。むしろ『留魂録』の原文をじっくり読むことが、松陰理解への早道であるかもしれない。歴史を動かした大文章に凝縮されたひとつの人間像をとらえるのに、その五千字が短すぎるということはないだろう。

古川　薫

KODANSHA

本書は、徳間書店刊『吉田松陰 留魂録』（一九九〇年十月）を底本とした。

古川　薫（ふるかわ　かおる）

1925年，下関生まれ。山口大学教育学部卒。教員，新聞記者を経て，1970年から文筆活動にはいる。1993年，直木賞受賞。著書に『長州歴史散歩』（創元社），『異聞岩倉使節団』（新潮社），『漂泊者のアリア』（文藝春秋），『吉田松陰とその門下』（PHP研究所），『留魂の翼』（中央公論新社），『暗殺の森』（講談社）など多数。2018年没。

講談社学術文庫

定価はカバーに表示してあります。

吉田松陰《よしだしよういん》　留魂録《りゆうこんろく》

古川《ふるかわ》　薫《かおる》

2002年9月10日　第1刷発行
2025年1月16日　第40刷発行

発行者　篠木和久
発行所　株式会社講談社
　　　　東京都文京区音羽2-12-21 〒112-8001
　　　　電話　編集（03）5395-3512
　　　　　　　販売（03）5395-5817
　　　　　　　業務（03）5395-3615
装　幀　蟹江征治／山岸義明デザイン室
印　刷　株式会社広済堂ネクスト
製　本　株式会社国宝社

ISBN4-06-159565-2

「講談社学術文庫」の刊行に当たって

これは、学術をポケットに入れることをモットーとして生まれた文庫である。学術は少年の心を養い、成年の心を満たす。その学術がポケットにはいる形で、万人のものになることは、生涯教育をうたう現代の理想である。

こうした考え方は、学術を巨大な城のように見る世間の常識に反するかもしれない。また、一部の人たちからは、学術の権威をおとすものと非難されるかもしれない。しかし、それはいずれも学術の新しい在り方を解しないものといわざるをえない。

学術は、まず魔術への挑戦から始まった。やがて、いわゆる常識をつぎつぎに改めていった。学術の権威は、幾百年、幾千年にわたる、苦しい戦いの成果である。こうしてきずきあげられた城が、一見して近づきがたいものにうつるのは、そのためである。しかし、学術の権威を、その形の上だけで判断してはならない。その生成のあとをかえりみれば、その根は常に人々の生活の中にあった。学術が大きな力たりうるのはそのためであって、生活をはなれた学術は、どこにもない。

開かれた社会といわれる現代にとって、これはまったく自明である。生活と学術との間に、もし距離があるとすれば、何をおいてもこれを埋めねばならない。もしこの距離が形の上の迷信からきているとすれば、その迷信をうち破らねばならぬ。

学術文庫は、内外の迷信を打破し、学術のために新しい天地をひらく意図をもって生まれた。文庫という小さい形と、学術という壮大な城とが、完全に両立するためには、なおいくらかの時を必要とするであろう。しかし、学術をポケットにした社会が、人間の生活にとってより豊かな社会であることは、たしかである。そうした社会の実現のために、文庫の世界に新しいジャンルを加えることができれば幸いである。

一九七六年六月

野間省一

廣松《ひろまつ》　渉《わたる》著（解説・柄谷行人）

〈近代の超克《ちようこく》〉論　昭和思想史への一視角

太平洋戦争中、各界知識人を糾合し企てられた一大座談会があった。題して「近代の超克」――。京都学派の哲学に焦点をあて、本書はその試みの歴史的意義と限界を剔抉する。我々は近代を〈超克〉しえたのか。

900

R・カイヨワ著／多田道太郎・塚崎幹夫訳

遊びと人間

超現実の魅惑の世界を創る遊び。その遊びのすべてに通じる不変の性質として、カイヨワは競争、運、模擬、眩暈を提示し、これを基点に文化の発達を解明した。遊びの純粋なイメージを描く遊戯論の名著である。

920

湯浅泰雄《ゆあさやすお》著（解説・T・P・カスリス）

身体論　東洋的心身論と現代

西洋近代の〈知〉の枠組を、東洋からの衝撃が揺るがしつつある。仏教、芸道の修行にみられる〃身心一如〃の実践哲学を、M＝ポンティらの身体観や生理心理学の新潮流が切り結ぶ地平で捉え直す意欲的論考。

927

柄谷行人著（解説・小森陽一）

マルクスその可能性の中心

あらゆる問題を考えるために必要な一つの問題として、柄谷行人は〈マルクス〉をとりあげた。価値形態論において「まだ思惟されていないもの」を読んだ話題の力作。文学と哲学を縦横に通底した至高の柄谷理論。

931

辻　直四郎著（解説・原　實）

ウパニシャッド

人類最古の偉大な哲学宗教遺産は何を語るのか。紀元前十五世紀に遡るインド古代文化の精華ヴェーダ。その極致であり後の人類文化の源泉ともいえるウパニシャッドの全体像と中核思想を平明に解説した名著。

934

金谷《かなや》　治《おさむ》著

孔子

人としての生き方を説いた孔子の教えと実践。二千年の歳月を超えて、今なお現代人の心に訴える孔子の魅力とは何か。多年の研究の成果をもとに、聖人ではない人間孔子の言行と思想を鮮明に描いた最良の書。

935

哲学・思想・心理

ある神経病者の回想録

D・P・シュレーバー著／渡辺哲夫訳

フロイト、ラカン、カネッティ、ドゥルーズ&ガタリなど知の巨人たちに衝撃を与え、二〇世紀思想に不可逆の影響を与えた稀代の書物。壮絶な記録を明快な日本語で伝える、第一級の精神科医による渾身の全訳！

2326

史的唯幻論で読む世界史

岸田　秀著

古代ギリシアは黒人文明であり、栄光のアーリア人は存在しなかった――。白人中心主義の歴史観が今なお世界を覆っている欺瞞と危うさを鮮やかに剔抉、その思想がいかにして成立・発展したかを大胆に描き出す。

2343

カントの時間論

中島義道著

物体の運動を可能にする客観的時間が、自我のあり方を決める時間であることをいかに精確に記述することができるのか……。『純粋理性批判』全体に浸透している時間構成に関するカントの深い思索を読み解く。

2362

交易する人間《ホモ・コムニカンス》　贈与と交換の人間学

今村仁司著

ヒトはなぜ他者と交易するのか？　人間存在の根源をなす「負い目」と「贈与」の心性による相互行為が解体して市場と資本主義が成立したとき、なにが起きたのか。人間学に新地平を切り拓いた今村理論の精髄。

2363

現代思想の遭難者たち

いしいひさいち著

思想のエッセンスを直観的に汲み取り、笑いに変えてしまう「いしいワールド」のエネルギーに、哲学者たちも毀誉褒貶。これは現代思想の「脱構築」か？　それとも哲学に対する冒瀆か？　手塚治虫文化賞も受賞！

2364

ひとはなぜ戦争をするのか

A・アインシュタイン、S・フロイト／浅見昇吾訳（解説・養老孟司／斎藤　環）

アインシュタインがフロイトに問いかける。「ひとは戦争をなくせるのか？」。宇宙と心、二つの闇に理を見出した二人が、戦争と平和、そして人間の本性について真摯に語り合う。一九三二年、亡命前の往復書簡。

2368

《講談社学術文庫　既刊より》

死に至る病
セーレン・キェルケゴール著／鈴木祐丞訳

「死に至る病とは絶望のことである」。この鮮烈な主張を打ち出した本書は、キェルケゴールの後期著作活動の集大成として燦然と輝く。最新の校訂版全集に基づいてデンマーク語原典から訳出した新時代の決定版。

2409

統合失調症あるいは精神分裂病 精神医学の虚実
計見一雄著

昏迷・妄想・幻聴・視覚変容などの症状は何に由来するのか？「人格の崩壊」「知情意の分裂」などの謬見はしだいに正されつつある。脳研究の成果も参照し、病の本態と人間の奥底に蠢く「原基的なもの」を探る。

2414

『老子』 その思想を読み尽くす
池田知久著

老子の提唱する「無為」「無知」「無学」は、儒家思想のたんなるアンチテーゼでもニヒリズムでもない。最終目標の「道」とは何か？ 哲学・倫理思想・政治思想・自然思想・養生思想の五つの観点から徹底解読。

2416

時間の非実在性
ジョン・E・マクタガート著／永井 均訳・注解と論評

はたして「現在」とは、「私」とは何か。A系列（過去・現在・未来）とB系列（より前とより後）というマクタガートが提起した問題を、永井均が縦横に掘り下げてゆく。時間の哲学の記念碑的古典、ついに邦訳。

2418

ハイデガー入門
竹田青嗣著

『ある』とは何か」という前代未聞の問いを掲げた未完の大著『存在と時間』を豊富な具体例をまじえながら分かりやすく読解。「二十世紀最大の哲学者」の思想に接近するための最良の入門書がついに文庫化！

2424

哲学塾の風景 哲学書を読み解く
中島義道著（解説・入不二基義《いりふじもとよし》）

カントにニーチェ、キルケゴール、そしてサルトル。哲学書は我流で読んでも、実は何もわからない。必要なのは正確な読解。読みながら考え、考えつつ読む、手加減なき師匠の厳しくも愛に満ちた指導を完全再現。

2425

日本の歴史・地理

松下村塾
古川　薫著

わずか一年で高杉晋作、伊藤博文らの英傑を育てた幕末の奇跡、松下村塾。粗末な塾舎では何があり、塾生は何を教わったのか。塾の成立から閉鎖までを徹底検証、松陰の感化力と謎の私塾の全貌を明らかにする。

2263

華族誕生　名誉と体面の明治
浅見雅男著（解説・刑部芳則）

誰が華族となり、「公侯伯子男」の爵位はどのように決められたか。そこではどんな人間模様が展開したか。爵位をめぐり名誉と体面の保持に拘泥した特権階級の姿から明らかになる、知られざる近代日本の相貌。

2275

相楽総三とその同志
長谷川　伸著（解説・野口武彦）

歴史は多くの血と涙、怨みによって成り立っている。薩長に「偽官軍」の汚名を着せられて刑死した相楽総三率いる赤報隊。彼ら「草莽の志士」の生死を丹念に追うことで、大衆文学の父は「筆の香華」を手向けた。

2280

侍従長の回想
藤田尚徳著（解説・保阪正康）

敗戦必至の状況に懊悩する昭和天皇。終戦の決断に至るまでに何があったのか。玉音放送、マッカーサーとの会見、そして退位論をめぐって示した君主としての姿勢とは。激動期に側近に侍した著者の稀有の証言。

2284

伊藤博文　近代日本を創った男
伊藤之雄著

討幕運動、条約改正、憲法制定、そして韓国統治と暗殺。近代国家を創設した最大の功労者の波乱の生涯と、「剛凌強直《ごうりょうきょうちょく》」たる真の姿を描き切る。従来の「悪役イメージ」を覆し、その人物像を一新させた話題の書。

2286

満鉄調査部
小林英夫著

戦時経済調査、満蒙・ソ連研究、華北分離政策などの活動実態から、関東憲兵隊との衝突、戦後日本の経済成長やアジア研究への貢献まで。満洲から国策を先導した、「元祖シンクタンク」満鉄調査部の全貌に迫る。

2290

《講談社学術文庫　既刊より》